BUENAS PRÁCTICAS DE SOSTENIBILIDAD EN EL MARCO DEL ESPACIO EUROPEO DE EDUCACIÓN SUPERIOR (EEES)

Un enfoque desde la pedagogía de FOL hacia las
Ciencias Sociales y Jurídicas

KARLA ZAMBRANO GONZÁLEZ

BUENAS PRÁCTICAS DE SOSTENIBILIDAD EN EL MARCO DEL ESPACIO EUROPEO DE EDUCACIÓN SUPERIOR (EEES)

Un enfoque desde la pedagogía de FOL hacia las Ciencias Sociales y Jurídicas

Prólogo
JAVIER VILA VÁZQUEZ

Esta publicación ha sido realizada con el apoyo financiero de la Generalitat, a través de la Conselleria competente en materia de cooperación internacional al desarrollo. El contenido de dicha publicación es responsabilidad exclusiva de la entidad beneficiaria y no refleja necesariamente la opinión de la Generalitat.

Estudio desarrollado con la financiación de la II Convocatoria de ayudas para proyectos innovadores que impulsan modelos de vida y consumo más sostenibles en los campus de la UV de la Cátedra de Cooperación y desarrollo sostenible de la Universitat de València.

Editorial Aranzadi, S.A.U.
C/ Collado Mediano, 9
28231 Las Rozas (Madrid)
Tel: 91 602 01 82
e-mail: clienteslaley@aranzadilaley.es
https://www.aranzadilaley.es

Primera edición: 2024

Depósito Legal: M-26113-2024
ISBN versión impresa: 978-84-1078-494-9
ISBN versión electrónica: 978-84-1078-495-6

Diseño, Preimpresión e Impresión: Editorial Aranzadi, S.A.U.
Printed in Spain

A ti, hijo mío, por enseñarme tantas lecciones de vida

Agradecimientos

La elaboración del presente estudio ha sido posible gracias a un conjunto de personas e instituciones que han apostado por mí, mi entusiasmo y pasión en el tema objeto de investigación.

Me siento inmensamente agradecida a todo el personal docente e investigador involucrado, pero particularmente a Javier, cuya confianza fue determinante al momento de asumir la orientación de este estudio. Gracias por creer en este trabajo, por darme luz y comprender todas mis visiones más allá del plano estrictamente académico, por darme soporte y, sobre todo, por valorar y respetar todos mis esfuerzos. Eres fuente de inspiración y ejemplo a seguir.

A ti hijo amado, heredero de la Tierra, que me has dado tantas lecciones de vida. Gracias por comprender que mamá no se da por rendida ante ninguna adversidad. Por impulsar mis alientos y darme ánimos. A mi esposo, porque ante el mayor obstáculo de nuestras vidas, has conseguido brindarme grandes momentos de alegría cuando sentía que mi espíritu flojeaba, por escuchar mis reflexiones después de cada clase, por compartir conmigo ese entusiasmo por la educación, por darme todo el apoyo necesario para conseguir que esto sea posible y ser mi cómplice en la gestión del tiempo, por mantenerte a mi lado, amarme, respetarme y ser mi compañero toda la vida.

Gracias a ti, madre, por ser mi profesora de la vida. Me has dado tantas enseñanzas y continúas apoyando todas mis causas, tanto en mi camino personal como en la trayectoria profesional. A mi hermana, por obligarme a no renunciar a perseguir mis sueños, ni a dar un solo paso atrás.

A la Cátedra de Cooperación y Desarrollo Sostenible de la Universitat de València por haber premiado mis esfuerzos, como investigadora principal, en la II Convocatoria de ayudas para proyectos innovadores que impulsan modelos de vida y consumo más sostenibles en los campus de la UV. Al Servicio de Información y Dinamización de Estudiantes de la Universitat de València, por darme el impulso para coordinar un nuevo proyecto sobre educación.

Al profesorado de la especialidad de FOL del Máster en Profesor/a de Educación Secundaria de la Universitat de València, de quien he aprendido tanto, inclusive, más allá de la docencia universitaria, a mis compañeros y compañeras de aula, pero en especial a ti, Adrián, *partner in crime*, porque compañeros como tú no existen. Eres mi persona vitamina.

A mis amigas y amigos, pero particularmente, a vosotros Ari y Héctor por creer en mis posibilidades, cuando yo no era capaz de hacerlo.

A todos y todas, gracias infinitas, siempre.

Índice General

Prólogo

La Dra. Karla Zambrano González es una investigadora clave del Derecho internacional y sobre éste, en el campo del desarrollo sostenible. La Dra. Zambrano tiene un conocimiento profundo del Derecho internacional ambiental, el desarrollo sostenible, la política climática, y es una investigadora incuestionable e incansable en estas y otras materias. En su labor investigadora, no se ciñe al estudio del Derecho internacional, sino que pretende impulsar medidas, siempre basadas en la ciencia, para la mejora de la vida en el planeta; no sólo pretende impulsar la mejora de la sostenibilidad de las ciudades y del planeta, sino que pugna por impulsar la consecución de los *Objetivos de Desarrollo Dostenible* (ODS) marcados por la ONU para el año 2030. Este profundo conocimiento la hacen proponer soluciones para paliar los efectos del cambio climático, efectos como el empeoramiento de la vida en las ciudades, las migraciones climáticas o las nefastas consecuencias medioambientales si no aceleramos la descarbonización de la economía, al tiempo que defiende con sus propuestas una sociedad más justa analizando las mejoras a nivel mundial que la agenda 2030 puede conseguir, como la igualdad de género, el trabajo decente o la erradicación de la pobreza, entre otros ejemplos.

En su propuesta por mejorar constantemente mediante la formación continua para convertirse en una persona aún más valiosa para la comunidad científica, este último año, la Dra. Zambrano ha decidido perfeccionar su formación didáctica, analizando el sistema educativo y las últimas tendencias en las diferentes metodologías utilizadas, en la actualidad, para poder implicar al profesorado y al alumnado del marco del Espacio Europeo de Educación Superior (EEES) a través del uso de metodologías activas y desde la mirada de la docencia no universitaria.

En el primer capítulo del libro encontramos un exhaustivo análisis sobre el origen de los ODS, sus metas y cómo podemos implicar al alumnado en su consecución.

En el segundo capítulo se aborda la legislación educativa en general, haciendo hincapié en la normativa sobre FP para analizar cómo se regula el desarrollo sostenible por parte del poder legislativo en España y en Europa. En los últimos años se ha dado un impulso al sistema de formación profesional en España, aumentando el prestigio de estos estudios tras el análisis de los expertos que prevén que la necesidad que tienen y van a tener las empresas de personas cualificadas en el sistema de formación profesional. Los últimos estudios señalan que el mercado laboral va a necesitar que más del 50% de los puestos de trabajo sean ocupados por personas con una cualificación media y superior, reduciéndose de manera importante aquellos trabajos poco cualificados y con escaso valor añadido.

El tercer capítulo se dedica a analizar las diferentes metodologías activas utilizadas actualmente y la posibilidad de abordar los ODS en las aulas. En este capítulo no sólo se analizan las metodologías, sino que se describe una propuesta viable para incluir los ODS en cualquier materia mediante el uso de estas metodologías.

Finalmente encontramos un capítulo dedicado al análisis de la sostenibilidad en el marco Europeo de Educación Superior; capítulo en el que se analiza el Pacto Verde Europeo, las recomendaciones que hace Europa para impulsar el aprendizaje para la transición ecológica y el desarrollo sostenible, encontrando, a la vez, propuestas realistas y fundamentadas para impulsar modelos de vida y de consumo más sostenible.

Se trata en definitiva de una propuesta valiosa, valiente y útil para conseguir un mundo mejor, haciendo frente a un reto que nos apela como sociedad desde hace años y que debemos abordar desde la ciencia y la investigación para conseguir paliar los efectos del cambio climático y conseguir una sociedad más justa, más verde, más inclusiva, donde no quepa la desigualdad y se consiga la integración de la agenda 2030 desde la escuela hasta la universidad.

Es esta una propuesta más valiosa aún si consideramos que nos encontramos en un momento en el que el poder real, ligado a modelos de vida y consumo y a modelos económicos más propios del siglo XIX, está intentando desacreditar constantemente los postulados de la ciencia y las propuestas de organismos como la ONU o la Unión Europea. Estos poderes están cuestionando de manera constante los análisis sobre el cambio climático realizados por científicos e investigadoras de diferentes campos para imponer su agenda, negar los efectos del modo de consumo actual para mantener un estilo de vida que hace ya insostenible la vida en muchos puntos del planeta y que hará que sea inhabitable en poco tiempo si no descarbonizamos la economía y damos un giro al desarrollo actual y lo cambiamos por un desarrollo sostenible. Estos poderes parecen estar ganando la batalla frente a gobiernos de todo signo político, debido a su poder económico y mediático, especialmente aquellos gobiernos populistas basados en la superstición y las mentiras inventadas por intereses económicos. Este libro va a contribuir a mejorar la percepción que desde la ciencia se tiene sobre el desarrollo sostenible al tiempo que va a hacer propuestas aplicables directamente desde el sistema educativo para impregnar a toda lo sociedad e impulsar el cambio que necesitamos como sociedad.

Javier Vila Vázquez

Abreviaturas

CDN	Convención sobre los Derechos del Niño
CDPDI	Convención sobre los Derechos de las Personas con Discapacidad
CDEE	Convención relativa a la Lucha contra las Discriminaciones en la Esfera de la Enseñanza
CE	Constitución Española de 1978
CEDAW	Convención sobre la Eliminación de Todas las Formas de Discriminación contra la Mujer
CEDEFOP	Centro Europeo para el Desarrollo de la Formación Profesional
CEDR	Convención Internacional sobre la Eliminación de Todas las Formas de Discriminación Racial
CIPDTM	Convención Internacional sobre la Protección de los Derechos de Todos los Trabajadores Migratorios y de Sus Familiares
DUDH	Declaración Universal de Derechos Humanos
ECTS	European Credit Transfer System (Sistema Europeo de Transferencia de Créditos)
FOL	Formación y Orientación Laboral
FP	Formación Profesional
GEI	Gases de efecto invernadero
LOMLOE	Ley Orgánica 3/2020, de 29 de diciembre, por la que se modifica la Ley Orgánica 2/2006, de 3 de mayo, de Educación
ODS	Objetivos de Desarrollo Sostenible
ONU	Organización de las Naciones Unidas
PIDESC	Pacto Internacional de Derechos Económicos, Sociales y Culturales
PVE	Pacto Verde Europeo

Introducción y metodología

«La educación en la esfera de los derechos humanos es mucho más que una lección que se aprende en las escuelas o un tema que se trata durante un día; es un proceso que equipa a las personas con los medios que necesitan para vivir su vida en condiciones de seguridad y con dignidad»

Kofi Annan

Ex secretario general de Naciones Unidas, premio Nobel de la Paz

1. INTRODUCCIÓN Y ESTADO DE LA CUESTIÓN

«Transitamos». En efecto, el tránsito hacia sociedades más justas, igualitarias, conscientes, responsables y resilientes se está produciendo ya, en todas las regiones del mundo; a la par que proliferan las menos comprometidas e inexorables. Se trata de una evidencia fáctica e, incuestionablemente, jurídica que afecta, en todos los niveles, al conjunto de derechos fundamentales alcanzados a golpe de revolución, lucha, resistencia social, guerras —incluidas, las frías— e innumerables conflictos. En este contexto, el paradigma del desarrollo sostenible se erige cual urdimbre de desafíos y valiosos propósitos que forman parte de la vida. Un tejido necesario para garantizar la existencia de la Humanidad que parte de la conceptualización de unos mínimos esenciales e inherentes al desarrollo de la personalidad humana: los derechos humanos (Castillo Daudí, 2014). En el impulso de esos derechos —de mínimos— figura, entre otros, el derecho a la educación.

Si, tradicionalmente, la educación —y su cuerpo docente— ha cargado con la difícil tarea de transformar el mundo (Ron Fernández, 2021), la educación para alcanzar la sostenibilidad bajo los criterios de paz y seguridad mundiales está llamada a desempeñar un papel crucial en las mentes de las generaciones presentes y las futuras. No son pocos los desafíos globales que enfrentamos como especie. En este sentido, conviene poner en valor la incansable labor de la Organización de las Naciones Unidas (ONU), en pos de promover y reafirmar el derecho a la educación para la ciudadanía global, con carácter absoluto.

Desde su creación, en 1945, la ONU ha sentado las bases del derecho a la educación en múltiples instrumentos jurídicos, tanto de carácter vinculante, como no vinculante. Así, es posible hallar su inclusión en: (i) la Declaración Universal de Derechos Humanos (DUDH, artículo 26); (ii) el Pacto Internacional de Derechos Económicos, Sociales y Culturales (PIDESC, artículo 13); (iii) la Convención sobre los Derechos del Niño (CDN, artículo 28); (iv) la Convención sobre la Eliminación de Todas las Formas de Discriminación contra la Mujer (CEDAW, artículo 10); (v) la Convención Internacional sobre la Eliminación de Todas las Formas de Discriminación Racial (CEDR, artículo 5); (vi) la Convención Internacional sobre la Protección de los Derechos de Todos los Trabajadores Migratorios y de Sus Familiares (CIPDTM, artículos 12 y 30); (vii) la Convención sobre los Derechos de las Personas con Discapacidad (CDPDI, artículo 24); (viii) la Convención relativa a la Lucha contra las Discriminaciones en la Esfera de la Enseñanza (CDEE, artículo 5), entre otros.

Teniendo en cuenta los instrumentos jurídicos, de carácter internacional, enunciados en el párrafo anterior, es posible afirmar que, pese a todos los esfuerzos de la ONU por blindar considerablemente el derecho a la educación, en los tiempos actuales, este derecho se ve gravemente amenazado por los múltiples desafíos de un mundo globalizado en crisis constante. Son innumerables las actuales crisis humanas; desde aquellas de índole política, económica, social y cultural, hasta la sanitaria y la medioambiental que amenaza toda posibilidad de existencia.

Poniendo el foco en esta última, es preciso señalar que afrontar los efectos del calentamiento global desde las distintas esferas de la sociedad no sólo es un reto, sino también, un compromiso con la propia Humanidad. De ahí a que surja la imperiosa necesidad de exigir reformas más contundentes en las políticas medioambientales tanto en el plano internacional, regional como en el nacional (Tremmel, J. & Robinson, K., 2014), del mismo modo que resulta necesario pasar a la acción como actores sociales y desde el sector educativo, con el ánimo de fomentar la formación de una ciudadanía respetuosa, consciente, formada e informada.

Como apunta Borrás Pentinat (2017, p. 2), «los desafíos que plantea el cambio climático demuestran una clara desigualdad: mientras que el cambio climático lo producen los más ricos y poderosos, los riesgos y consecuencias más serias los sufren los más pobres y vulnerables». Estamos ante un fenómeno intrínsecamente discriminatorio que se ceba con los colectivos más vulnerables, amenaza gravemente los derechos humanos y que requiere de una gobernanza inclusiva y participativa a todos los niveles: económico, jurídico, político y social. De ahí la necesidad de plantear una educación basada en los ODS, pero no de cualquier forma ni a cualquier precio; basada en la pedagogía del decrecimiento y los límites al «crecimiento verde» (Díez-Gutiérrez, J. E., 2013; Hickel, 2019; Díez-Gutiérrez, J. E. & Palomo-Cermeño, E., 2022; Valderrama-Hernández, R. et. al., 2022).

Teniendo en cuenta las consideraciones previamente mencionadas, las próximas líneas se dedican a realizar un estudio sobre la importancia de integrar transversalmente los Objetivos de Desarrollo Sostenible (ODS) en el proceso de enseñanza-aprendizaje, como eslabón fundamental de la labor docente del profesorado y si éste se halla formado adecuadamente (Alventosa-Bleda; Senent Sánchez & Viana-Orta, 2020), para realizar esa incorporación de contenidos a los establecidos curricularmente, en todos los estadios de la educación para la ciudadanía, situando el enfoque desde la docencia de la especialidad de Formación y Orientación Laboral (FOL).

1.1. ESQUEMA DE LA INVESTIGACIÓN

Este apartado tiene como finalidad ofrecer una visión general del presente estudio, incluyendo las preguntas de investigación y la forma de darles una respuesta bajo un hilo de argumentación jurídico-teórica. En este sentido, el primer capítulo se titula: «La acción de la Comunidad internacional ante los retos globales de la actualidad: una visión general», cuya finalidad se centra en recoger las bases sobre las que se asientan los ODS y, por ende, describirá, en términos generales, el plan de acción de la Comunidad internacional ante los retos globales. Asimismo, este primer capítulo estará subdividido por tres grandes apartados, cuyo objetivo es ofrecer al lector una conceptualización de los ODS, así como una somera aproximación histórica de sus antecedentes y cómo han aterrizado a los centros educativos.

Por otro lado, el segundo capítulo lleva por título: «Los ODS en los ciclos de Formación Profesional» y tiene por finalidad configurarse como sostén de la teoría de la interseccionalidad entre los ODS, el Pacto Verde Europeo (PVE) y la FP europea. Al igual que sucede en el capítulo inicial de este estudio, este segundo capítulo, se estructura sobre tres apartados que servirán de inspiración a modo de hoja de ruta y descenso de todas las medidas y criterios de sostenibilidad internacionales, hacia una delimitación regional, finalizando con el punto clave: la legislación española y su —especial— enfoque y tratamiento hacia el desarrollo sostenible en la educación.

El tercer y último capítulo de esta obra, titulado: «De la teoría a la acción: los ODS en la docencia de FOL. Propuesta de actividades y metodologías activas», tiene por objeto delimitar claramente las propuestas docentes que, a juicio de esta autora, serían reconocidas como las más pertinentes y/o viables para lograr una integración de los ODS que suponga un aprendizaje significativo para el alumnado.

1.1.1. Ámbito geográfico

En todo trabajo de investigación resulta especialmente relevante delimitar el ámbito geográfico. Como he descrito anteriormente, este trabajo de investigación ha sido elaborado teniendo en cuenta tres ámbitos diferentes desde una perspectiva jurídico-teórica: la dimensión internacional sobre la posición de los retos globales; la intersección de dichas medidas internacionales al territorio de la UE y la implementación de ambos ámbitos en el Derecho español.

La razón de considerar estos tres ámbitos se centra en ofrecer un estudio lo más holístico e integral posible, a tenor de las complejidades que se sitúan en el foco del debate. Estas múltiples afecciones requieren, en igualdad de condiciones, de un tratamiento sectorial diversificado, capaz de aportar respuestas desde las diferentes dimensiones.

1.1.2. Limitaciones

Existen tres limitaciones principales en el alcance de este estudio, que requieren cierta explicación y justificación. En primer lugar, por evidentes cuestiones de extensión, no se realizará un tratamiento pormenorizado de las distintas intersecciones de cada uno de los ODS, sino que su tratamiento se realizará de manera generalizada y, en todo caso, teniendo en cuenta la situación de degradación medioambiental, las referencias continuas a la situación de crisis climática actuarán a modo de clave en la fundamentación de la propuesta planteada.

Por otro lado, este estudio tampoco se centrará en abordar la totalidad de las políticas educativas de todos los Estados Miembros de la UE. Al tratarse la educación de una política social con una atribución de competencias compartidas, será contemplada la posición que mantiene la UE en tanto organización internacional y las distintas perspectivas y/o propuestas educativas emanadas desde la Comisión Europea alineadas con el Pacto Verde Europeo.

En última instancia, es preciso indicar que, en el presente estudio, tampoco serán recogidas las distintas posiciones legislativas de carácter nacional o doméstico, relativas al derecho a la educación, así como tampoco se diseñarán propuestas que conlleven la aplicación de todo el conjunto de metodologías activas existentes. Téngase en cuenta, además, que únicamente se recurrirá a la aplicación de normativa autonómica en casos específicamente tasados y en aras de contextualizar el presente estudio.

1.2. OBJETIVOS GENERALES Y ESPECÍFICOS DE LA INVESTIGACIÓN

El presente trabajo tiene un doble objetivo principal. *a priori*, realizará un estudio del marco jurídico-teórico de los ODS en el sector educativo, realizando aproximaciones mediante la adopción del enfoque regional y nacional y, en segunda instancia, delimitará la importancia de integrar transversalmente los ODS como eslabón fundamental de la labor docente del profesorado, en todos los estadios de la educación para la ciudadanía.

Para alcanzar este doble objetivo principal, se llevarán a cabo los siguientes objetivos específicos:

i)   Evaluar las medidas jurídicas de integración de los ODS en el sector educativo;

ii) Realizar una propuesta viable que permita ejecutar la incorporación integral de los ODS en la docencia;

iii) Analizar las metodologías activas aplicables al tema de investigación y a la propuesta docente.

2. MÉTODO Y METODOLOGÍA

Se entiende por «método» la forma según la que se lleva a cabo la investigación en relación con la elección de los datos y la manera en que se examinan: por ejemplo, revisión bibliográfica, análisis de documentos, observación y estudio de casos; mientras que el término «metodología» engloba los métodos y también incluye otras connotaciones teóricas y está vinculado a conceptos y enfoques más profundos, incluida la forma en que se conceptualiza el Derecho con otras áreas de conocimiento. Por lo tanto, en esta sección se explica cómo esta autora responderá a las preguntas de la investigación con una metodología y unos métodos adecuados.

Las fuentes utilizadas para llevar a cabo la presente investigación pueden agruparse como: (i) fuentes documentales y (ii) fuentes bibliográficas. Las primeras contienen documentos internacionales, europeos y españoles como Tratados, Convenios, documentos de Naciones Unidas e informes internacionales, Derecho originario y derivado de la UE, legislación española, jurisprudencia, otros documentos y notas de prensa. Las segundas incluyen monografías, artículos de revistas y capítulos de libros.

En lo que respecta al ámbito metodológico. En el desarrollo de la presente investigación, ha sido necesaria la combinación de diferentes metodologías arraigadas a distintas áreas de conocimiento. Así, en lo concerniente a las cuestiones dimanantes del Derecho, ha sido utilizada, con carácter preferente, la investigación jurídica tradicional, entendida como una investigación exhaustiva de los conceptos jurídicos, los valores, los principios, los textos jurídicos existentes, aplicados al estudio concreto (Kharel, A., 2018). Ahora bien, en lo concerniente al diseño de experiencias significativas en el aula para el módulo de FOL, este estudio propone la incorporación y el uso de las metodologías activas, en aras de buscar un aprendizaje significativo para el alumnado, adaptado a los intereses y capacidades del mismo (Silva & Maturana, 2017). Sin perjuicio de este *mix* metodológico, es importante hacer mención a la perentoria necesidad de buscar un enfoque apoyado en la evidencia científica, teniendo en cuenta, especialmente, que los ODS no surgen como un elemento creado casualmente por la Comunidad internacional, sino que obedece a una degradación ambiental patente y acreditada a partir de las investigaciones de profesionales y académicos procedentes de las ciencias de la vida y la materia.

Capítulo primero

La acción de la comunidad internacional ante los retos globales de la actualidad: una visión general

SUMARIO: 1. ¿DE DÓNDE VIENEN LOS OBJETIVOS DE DESARROLLO SOSTENIBLE? BREVE RECORRIDO HISTÓRICO DE LA COMUNIDAD INTERNACIONAL HACIA LA CONFIGURACIÓN DE LOS ODS. 2. ¿CUÁLES SON LOS OBJETIVOS DE DESARROLLO SOSTENIBLE?. 2.1. *Distinción entre ODS y sus metas específicas.* 3. LA INCORPORACIÓN TRANSVERSAL DE LOS ODS EN LOS CENTROS DE EDUCACIÓN. 3.1. *Retos y oportunidades del profesorado: entre el compromiso y la acción.* 3.2. *La sensibilización del alumnado como principal resultado.*

«Necesitamos incrustar la esencia de la Agenda 2030 en todo lo que hacemos»

Antonio Guterres

Secretario General de la ONU

1. ¿DE DÓNDE VIENEN LOS OBJETIVOS DE DESARROLLO SOSTENIBLE? BREVE RECORRIDO HISTÓRICO DE LA COMUNIDAD INTERNACIONAL HACIA LA CONFIGURACIÓN DE LOS ODS

No son pocos los retos globales a los que, actualmente, se enfrenta la Comunidad internacional. En el momento presente, el reciente informe publicado por Amnistía Internacional (AI, 2024, p. 9), sobre la situación de los derechos humanos en el mundo, deja un panorama global desolador: aparte de un evidente auge de los autoritarismos, de los discursos de odio, los retrocesos en materia de igualdad de oportunidades a la diversidad sexual, la Humanidad se halla inmersa en una situación geopolítica crítica tras el crimen de agresión, cometido por Rusia contra Ucrania, en febrero de 2022.

Hoy por hoy, en el seno del foro internacional se han reabierto viejas heridas a través del conflicto palestino-israelí. Heridas que no han dejado indiferente a nadie. Pero también han aparecido retos novísimos: la llegada de una Inteligencia Artificial (IA) depredadora, cuya gestión requiere de límites de uso y la adopción de una regulación internacional, con carácter urgente. En este sentido, Amnistía Internacional indica que:

> «En 2023, los Estados recurrieron cada vez más a las tecnologías de reconocimiento facial como apoyo a la labor policial en protestas públicas, en eventos deportivos y contra las comunidades marginadas en general y las personas migrantes y refugiadas en particular. Se recurrió a tecnologías abusivas para la gestión de la migración y la vigilancia de fronteras, como tecnologías de externalización de los controles de entrada al territorio, *software* de análisis de datos, tecnología biométrica y sistemas algorítmicos de toma de decisiones».

Otra urgencia o emergencia, es la crisis climática y medioambiental. Lejos de aportarse respuestas contundentes que conlleven al desarrollo sostenible al que estamos llamados, la discusión se está centrando, concretamente, en una cuestión meramente lingüística: delimitar la denominación de este período de variabilidad climática antropogénica. En cierto modo, la declaración de emergencia climática y ambiental realizada por el Parlamento Europeo en 2019 (2019/2930(RSP)), logró «aproximar» la crítica situación que atravesamos a la ciudadanía europea, como parte de un mundo único pero compartimentado (Juste Ruiz, 2014, p. 8), si bien, al parecer, esta declaración ha resultado insuficiente para lograr una sensibilización acorde a la magnitud del problema.

Visto, a grandes rasgos, los distintos desafíos a los que la Comunidad internacional debe enfrentarse mediante una respuesta cohesionada y acorde a Derecho, lo cierto es que, en la mayoría de las ocasiones, es imposible adoptar un acuerdo vinculante y universal que concluya con compromisos efectivos y en tiempo récord. Por este motivo, precisamente, el Derecho internacional prevé la creación de principios que puedan ser incorporados en las distintas legislaciones de los Estados. En este contexto, resulta de vital importancia la adopción de documentos que fijen derechos de mínimos, como los ODS.

Como se ha expuesto con anterioridad, alcanzar el paradigma del desarrollo sostenible es uno de los retos globales de la Comunidad internacional, cuyas bases constitucionales para los próximos años han sido establecidas en el documento titulado: «Transformar nuestro mundo: la Agenda 2030 para el desarrollo sostenible», adoptado por la Asamblea General de las Naciones Unidas (AGNU, 2015), mediante la resolución A/RES/70/1. Esta resolución fija 17 objetivos y 169 metas que demuestran la magnitud de esta ambiciosa nueva agenda universal de desarrollo.

Ahora bien, los ODS no surgen de forma espontánea, sino que cuentan con unos antecedentes. En este sentido, son los Objetivos de Desarrollo del Milenio (ODM, AGNU, 2000), los que representaron, en el año 2000, los compromisos contraídos por los Estados Miembros de la ONU para reducir la pobreza extrema y sus diversas manifestaciones: el hambre, las enfermedades, la desigualdad de género, las deficiencias en materia de educación y de acceso a infraestructuras básicas, así como la degradación medioambiental que, en aquel entonces, ya contaba con un espacio en la agenda universal.

Como es evidente, los ODM no fueron alcanzados, como muy probablemente pase con los ODS. No obstante, es preciso remarcar la importancia de la ONU, en tanto es una organización internacional tremendamente poderosa y capaz de crear coaliciones mundiales y elaborar medidas políticas para hacer frente a los desafíos globales.

2. ¿CUÁLES SON LOS OBJETIVOS DE DESARROLLO SOSTENIBLE?

Los 17 ODS alumbrados, en el seno de la ONU, actúan como un conjunto coherente y holístico, que se caracteriza por su indivisibilidad e interconexión. En comparación con los 8 ODM, los ODS han sido reconocidos por proporcionar un programa de desarrollo más completo (Menton et al., 2020).

De conformidad con la propia resolución A/RES/70/1 de la AGNU, los ODS pueden ser estructurados de la siguiente forma: (i) el eje de las personas (ODS 1 al 5); (ii) el eje prosperidad (ODS 7 al 11); (iii) el eje planeta (ODS 6, 12 al 15); (iv) el eje paz (ODS 16); y (v) el eje de alianzas (ODS 17). Además, resulta de gran importancia el reconocimiento que cada uno de estos objetivos posee de forma directa y recíproca sobre los demás, lo que subraya la necesidad de adoptar un enfoque integrado y coordinado.

Figura 1. Objetivos de Desarrollo Sostenible. Póster oficial

Fuente: Naciones Unidas.

Diseñado por TROLLBÄCK + COMPANY (Suecia - Estados Unidos).

Dada la complejidad inherente a los desafíos que abarcan, se requiere una visión comprehensiva y sin compartimentar que confronte, tanto la pobreza como el desarrollo no duradero, junto a sus profundas raíces. Con el afán de visibilizar los ODS, a continuación, se incluye la imagen oficial característica que los identifica:

Por otra parte, centrando la cuestión en términos de educación, es preciso señalar que la propia resolución de los ODS (2015, p. 8), indica lo siguiente:

«25. Nos comprometemos a proporcionar una educación de calidad, inclusiva e igualitaria a todos los niveles: enseñanza preescolar, primaria, secundaria y terciaria y formación técnica y profesional. Todas las personas, sea cual sea su sexo, raza u origen étnico, incluidas las personas con discapacidad, los migrantes, los pueblos indígenas, los niños y los jóvenes, especialmente si se encuentran en situaciones de vulnerabilidad, deben tener acceso a posibilidades de aprendizaje permanente que las ayuden a adquirir los conocimientos y aptitudes necesarios para aprovechar las oportunidades que se les presenten y participar plenamente en la sociedad. Nos esforzaremos por brindar a los niños y los jóvenes un entorno propicio para la plena realización de sus derechos y capacidades, ayudando a nuestros países a sacar partido al dividendo demográfico, incluso mediante la seguridad en las escuelas y la cohesión de las comunidades y las familias».

La asunción de este compromiso no es, pues, cuestión baladí, ya que se convierte en un abanderamiento de un derecho absoluto a la educación en cualquier nivel, incluyendo las enseñanzas postobligatorias, pero lo que resulta altamente significativo es la amplitud de los colectivos y la contemplación de oportunidades para todas las personas, es decir, su carácter inclusivo, además de evocar una perspectiva feminista en pos del empoderamiento de las mujeres (AGNU, 2015, p. 11).

Ahora bien, esto con matices, porque «tener acceso a las posibilidades de aprendizaje» no implica, *per se*, garantía alguna de obtener tales posibilidades. De hecho, la propia AGNU reconoce que «cada país es el principal responsable de su propio desarrollo económico y social» (2015, p. 12, par. 41), dejando, indiscutiblemente, libertad en la configuración de las políticas, planes y programas de desarrollo a los Estados para alcanzar los ODS, sin definir, una estrategia clara, solidaria y conjunta, por cuestiones de interés, evidentemente. Este reconocimiento descansa sobre el eje de uno de los principios emanados de Derecho internacional: el principio de responsabilidades comunes pero diferenciadas y capacidades respectivas, utilizado muy frecuentemente en el área del Derecho ambiental, donde se busca obtener el máximo consenso en el proceso de creación de normativa internacional con un carácter jurídicamente vinculante, del que no gozan los ODS.

El hecho de que la Agenda 2030 atribuya la responsabilidad del desarrollo económico a cada Estado, podría, incluso, llevar a la idea de que los ODS son propósitos inconsistentes y contradictorios (Martínez, I. & Martínez Osés, 2016), difícilmente alcanzables, idealistas y poco viables (Gómez Gil, 2018), cuya consecución es altamente compleja más si se considera la ausencia de recursos suficientes para alcanzar una gobernanza global que genere un equilibrio en todas las regiones del mundo (Cardesa-Salzmann, A., & Pigrau Solé, A., 2017). Sin embargo, en contraposición a esta línea doctrinal, con una visión más aguda, Juste Ruiz (2005) considera que se ha formulado el derecho humano al desarrollo sostenible, como un derecho humano emergente. Además, la eficacia o no de las medidas adoptadas para alcanzar los ODS, dependerá, en gran medida, del establecimiento de alianzas y el principio de cooperación y solidaridad internacional.

2.1. DISTINCIÓN ENTRE ODS Y SUS METAS ESPECÍFICAS

En sí misma, la Agenda 2030 para el Desarrollo Sostenible se configura como «un plan de acción» (AGNU, 2015, p. 3) que cuenta con unos propósitos universales. Dichos propósitos son los reconocidos ODS. Ahora bien, para alcanzar cada ODS, indiscutiblemente, es necesario fijar un número determinado de metas de gran alcance, capaces de lograr una transformación significativa y tendente a alcanzar el objetivo perseguido. En concreto, son 169 las metas conexas, de carácter integrado e indivisible que contempló la Comunidad internacional para lograr los ODS y que entraron en vigor hace casi 10 años, el 1 de enero de 2016.

Teniendo en cuenta el objeto y dimensiones del presente estudio y, a pesar de que tanto los ODS, como sus metas, deben ser considerados en su conjunto de forma integral, conviene reflexionar en ciertos aspectos comunes de todas las metas de los ODS (Fernández Liesa & Manero Salvador, 2017, p. 7). De esta forma, como elementos aplicables comúnmente a todas las metas de los ODS, cabe destacar: (i) la fijación de un hito en un período de tiempo determinado, en tanto se sitúa alcanzar los objetivos en el año 2030; (ii) su naturaleza universal, por cuanto cabe realizar su implementación en los distintos Estados del mundo; (iii) su carácter cohesionado, integrado e indivisible, en tanto no es posible comprender la consecución de una meta, que no se halle íntimamente relacionada con otra medida u objetivo.

Si aplicamos lo antedicho al ODS 4, cada una de las metas designadas en este objetivo, reúne los elementos descritos. Son 10 las metas que se sitúan en torno a este objetivo y que se presentan en las próximas líneas:

«4.1 De aquí a 2030, asegurar que todas las niñas y todos los niños terminen la enseñanza primaria y secundaria, que ha de ser gratuita, equitativa y de calidad y producir resultados de aprendizaje pertinentes y efectivos.

4.2 De aquí a 2030, asegurar que todas las niñas y todos los niños tengan acceso a servicios de atención y desarrollo en la primera infancia y educación preescolar de calidad, a fin de que estén preparados para la enseñanza primaria.

4.3 De aquí a 2030, asegurar el acceso igualitario de todos los hombres y las mujeres a una formación técnica, profesional y superior de calidad, incluida la enseñanza universitaria.

4.4 De aquí a 2030, aumentar considerablemente el número de jóvenes y adultos que tienen las competencias necesarias, en particular técnicas y profesionales, para acceder al empleo, el trabajo decente y el emprendimiento.

4.5 De aquí a 2030, eliminar las disparidades de género en la educación y asegurar el acceso igualitario a todos los niveles de la enseñanza y la formación profesional para las personas vulnerables, incluidas las personas con discapacidad, los pueblos indígenas y los niños en situaciones de vulnerabilidad.

4.6 De aquí a 2030, asegurar que todos los jóvenes y una proporción considerable de los adultos, tanto hombres como mujeres, estén alfabetizados y tengan nociones elementales de aritmética.

4.7 De aquí a 2030, asegurar que todos los alumnos adquieran los conocimientos teóricos y prácticos necesarios para promover el desarrollo sostenible, entre otras cosas mediante la educación para el desarrollo sostenible y los estilos de vida sostenibles, los derechos humanos, la igualdad de género, la promoción de una cultura de paz y no violencia, la ciudadanía mundial y la valoración de la diversidad cultural y la contribución de la cultura al desarrollo sostenible.

4.a Construir y adecuar instalaciones educativas que tengan en cuenta las necesidades de los niños y las personas con discapacidad y las diferencias de género, y que ofrezcan entornos de aprendizaje seguros, no violentos, inclusivos y eficaces para todos.

4.b De aquí a 2020, aumentar considerablemente a nivel mundial el número de becas disponibles para los países en desarrollo, en particular los países menos adelantados, los pequeños Estados insulares en desarrollo y los países africanos, a fin de que sus estudiantes puedan matricularse en programas de enseñanza superior, incluidos programas de formación profesional y programas técnicos, científicos, de ingeniería y de tecnología de la información y las comunicaciones, de países desarrollados y otros países en desarrollo.

4.c De aquí a 2030, aumentar considerablemente la oferta de docentes calificados, incluso mediante la cooperación internacional para la formación de docentes en los países en desarrollo, especialmente los países menos adelantados y los pequeños Estados insulares en desarrollo». (AGNU, 2015, p. 20).

Como vemos, casi todas las metas determinan al año 2030, como período fijado para alcanzar un hito determinado, salvo el caso de la meta 4.a. y 4.b. En el primer caso, ello se debe, muy posiblemente a la dificultad de determinar con previsión cuándo podrán construirse y adecuarse instalaciones educativas que reflejen las necesidades de las personas con diversidad funcional y de género; en el segundo caso, vemos que el período de cumplimiento se situó en el año 2020, un año, indudablemente, complicado en materia de educación como consecuencia de la aparición de la pandemia del SARS-CoV-2, más conocida como COVID-19. Por otra parte, las metas descritas están íntimamente relacionadas con otros ODS, como el ODS 5, el ODS 8, el ODS 13, entre otros.

3. LA INCORPORACIÓN TRANSVERSAL DE LOS ODS EN LOS CENTROS DE EDUCACIÓN

Aunque el término «sostenibilidad» haya adquirido un cariz distinto al que motivó su origen (Escrivà, 2022, p. 20), en lo que respecta a este estudio, se utilizará en el sentido descrito en el informe «*Nuestro futuro común*» publicado por la Comisión Mundial de Medioambiente y Desarrollo (CMMD, 1987, p. 23) que concibe el medio ambiente y el desarrollo como derechos inherentes e inseparables. En este sentido, indica la CMMD:

«El concepto de desarrollo duradero [sostenible] implica límites —no límites absolutos—, sino limitaciones que imponen a los recursos del medio ambiente, el estado actual de la tecnología y de la organización social, la capacidad de la biósfera de absorber los efectos de las actividades humanas. Pero tanto la tecnología como la organización social pueden ser ordenadas y mejoradas de manera que abran el camino a una nueva era de crecimiento económico (...). El desarrollo duradero exige que se satisfagan las necesidades básicas de todos y que se extienda a todos la oportunidad de colmar sus aspiraciones a una vida mejor. Un mundo donde la pobreza es endémica estará siempre propenso a ser víctima de la catástrofe ecológica o de otro tipo».

Ciertamente, los conceptos de medio ambiente y desarrollo han sido interrelacionados, con relativa frecuencia, con el objetivo de aportar respuestas a múltiples fenómenos sociales. En este sentido, por ejemplo, se sitúan los estudios del economista indio y premio Nobel de Economía 1998, Amartya Sen, quien, junto a la filósofa y jurista estadounidense, Martha Nussbaum, han contribuido de manera decisiva a perfilar las bases de los nuevos modelos de desarrollo que actualmente enmarcan las actividades del Programa de Naciones Unidas para el Desarrollo (PNUD).

En el primer caso, a través del «enfoque de las capacidades», Sen parte de la propuesta de una teoría ética en el campo de las teorías de desarrollo humano que surgió a principios de los años ochenta y ha supuesto una notable revolución de los modos de entender el desarrollo al uso, devolviéndole a la noción de desarrollo la dimensión humana, siguiendo de esta forma la estela inaugurada por Denis Goulet (2019) en su obra «La ética del desarrollo». Así, el enfoque de las capacidades de Sen, parte de un doble objetivo. En primer lugar, pretende servir de modelo de desarrollo alternativo a los modelos económicos al uso y especialmente como crítica a los modelos de corte utilitarista; en segundo lugar, busca servir como efectivo instrumento para llevar a cabo comparaciones de la calidad de vida.

El principal problema que ha perdurado —y perdura— en las sociedades occidentales contemporáneas, hasta los años ochenta, es que el concepto de «desarrollo» se ha venido entendiendo en términos estrictamente económicos y las mediciones para establecer si un país era desarrollado o no, se basaban o bien en indicadores como el PIB o en la renta per cápita. Sin embargo, gracias a las observaciones de Sen, se observa que el fin del «desarrollo» no es el crecimiento económico en sí, sino que este es un fin para el verdadero objetivo: que «cada persona sea tratada como digna de atención a través de una sociedad que ponga a cada persona en condiciones de vivir en forma realmente humana, para lo cual la igualdad de capacidades y el desarrollo humano constituyen la meta principal» (Restrepo-Ochoa, 2013). La observación empírica es sencilla: un país, pese a presentar unos elevados índices de crecimiento económico, puede, a su vez, no garantizar las libertades de participación política o los servicios mínimos como la educación o la salud, por lo que no debería considerarse un país desarrollado.

En atención a lo anterior, y según los datos del reciente informe de los ODS publicado por la ONU (2023, p. 22), «entre 2015 y 2021, la finalización de la educación primaria en todo el mundo aumentó del 85% al 87%, la finalización de la educación secundaria inferior del 74% al 77% y la finalización de la educación secundaria superior del 53% al 58%. Sin embargo, el ritmo de mejora fue significativamente más lento que en el período 2000-2015». Está claro que los objetivos establecidos en el ODS 4 se van cumpliendo en materia de alfabetización, pero como se ha evidenciado con anterioridad, existen más metas perseguidas por este objetivo en concreto.

En esa misma línea de «educación de calidad» debe considerarse, igualmente, la educación en los propios ODS, siendo una pieza clave para ello, la meta 4.7 del ODS 4 que señala:

> «De aquí [2015] a 2030, asegurar que todos los alumnos adquieran los conocimientos teóricos y prácticos necesarios para promover el desarrollo sostenible, entre otras cosas mediante la educación para el desarrollo sostenible y los estilos de vida sostenibles, los derechos humanos, la igualdad de género, la promoción de una cultura de paz y no violencia, la ciudadanía mundial y la valoración de la diversidad cultural y la contribución de la cultura al desarrollo sostenible».

Las cuestiones contempladas en la meta 4.7 del ODS 4, sin duda alguna, van más allá de lo planteado en el currículo de cualquier título de enseñanza reglada o para la empleabilidad. Se trata de contenidos destinados a despertar y fomentar no sólo el pensamiento crítico, sino a incidir en aspectos clave de la vida de la ciudadanía mundial que promuevan el desarrollo sostenible y el respeto hacia los derechos humanos.

Lograr cambios significativos en las personas requiere de un alto nivel de compromiso entre los distintos actores sociales, además de una voluntad política que, en concurrencia con la dotación de los recursos económicos y financieros suficientes para ejecutar planes destinados al cambio, constituyen los ingredientes esenciales para transitar plenamente hacia la sostenibilidad.

Ahora, en materia de educación, lo que promete ser una receta perfecta, fácil y sencilla, en realidad, no lo es por varias cuestiones, que requieren unos factores esenciales, como mínimo, hablamos de cinco elementos básicos e indispensables: (i) la configuración de una normativa creada bajo el paraguas de la sostenibilidad y aplicable a todos los niveles del sector educativo; (ii) la consideración de buenas prácticas en materia de sostenibilidad desde el proyecto educativo de centro (PEC) o proyecto funcional de centro, en el caso de los Centros Integrados Públicos de Formación Profesional (CIPFP), también en los centros de educación superior; (iii) la motivación del profesorado para adquirir los conocimientos necesarios en materia de ODS e incorporarlos en el proceso de enseñanza-aprendizaje, como parte de una estrategia de compromiso y acción del cuerpo docente; (iv) la profundización de dichos conocimientos con las familias, fomentando su participación e involucración, a través de redes familiares apoyadas por la Asociación de Madres y Padres de Familia (AMPA); (v) la dotación de valor al conocimiento de los ODS que implique una sensibilización del alumnado.

En este punto, es preciso señalar un par de consideraciones con respecto a la normativa aplicable en materia de educación en general, y sobre sostenibilidad, en particular. Para empezar, la legislación básica que regula la enseñanza está sometida a la concurrencia de competencias entre el Estado español y las Comunidades Autónomas (CCAA). Con carácter general, las competencias administrativas de las diferentes Administraciones se contemplan respecto del Estado y Comunidades Autónomas en el Capítulo III del Título VIII de la Constitución Española de 1978 (CE). A su vez, la literalidad del artículo 27 de la CE, concluye que el Estado es «garante de la igualdad en el ejercicio de este derecho y de una ordenación general del sistema educativo, mediante el establecimiento de las normas básicas que garanticen el cumplimiento de las obligaciones de los poderes públicos». En esta línea, se ha pronunciado el Tribunal Constitucional en su Sentencia núm. 6/1982, de 22 de febrero de 1982 (*BOE* 69, 1982, F. Jº. 3, pár. 3). Por tanto y, a pesar de que la cuestión no está exenta de ser controvertida, es el Estado el que debe fijar unas bases que deberán ser complementadas por las potestades legislativas y ejecutivas de las que disfrutan las CCAA, según sus correspondientes estatutos. De esta manera también lo ha determinado el artículo 6 bis de la Ley Orgánica 3/2020, de 29 de diciembre, por la que se modifica la Ley Orgánica 2/2006, de 3 de mayo, de Educación (LOMLOE) que sostiene que:

«1. Corresponde al Gobierno:

a) La ordenación general del sistema educativo.

b) La programación general de la enseñanza, en los términos establecidos en los artículos 27 y siguientes de la Ley Orgánica 8/1985, de 3 de julio, reguladora del Derecho a la Educación.

c) La fijación de las enseñanzas mínimas a que se refiere el artículo anterior.

d) La regulación de las condiciones de obtención, expedición y homologación de títulos académicos y profesionales y de las normas básicas para el desarrollo del artículo 27 de la Constitución, a fin de garantizar el cumplimiento de las obligaciones de los poderes públicos en esta materia.

e) La alta inspección y demás facultades que, conforme al artículo 149.1.30.ª de la Constitución, le corresponden para garantizar el cumplimiento de las obligaciones de los poderes públicos.

2. Asimismo corresponden al Gobierno aquellas materias que le encomienda la Ley Orgánica 8/1985, de 3 de julio, reguladora del Derecho a la Educación y esta Ley.

3. Corresponde a las comunidades autónomas el ejercicio de sus competencias estatutarias en materia de educación y el desarrollo de las disposiciones de la presente Ley Orgánica».

En lo concerniente a las cuestiones relativas a la sostenibilidad, sus referencias no son un producto de creación genuina de la legislación española; sino que más bien el «desarrollo sostenible» es un concepto importado desde el mismo Derecho internacional y, por ende, fuente de Derecho internacional, de conformidad con el artículo 38 del Estatuto de la Corte Internacional de Justicia (CIJ) e incorporado al ordenamiento jurídico español como un principio general del Derecho.

Podría decirse que la educación, el desarrollo y la sostenibilidad son conceptos que van de la mano. De hecho, como veremos, no son pocas las referencias que se hace a la «sostenibilidad» o al «desarrollo sostenible» en los distintos niveles del sector educativo. Más si tenemos en cuenta que, a través de la formación, se configuran los profesionales del futuro que harán posible el desarrollo de un Estado.

Pues bien, teniendo en cuenta precisamente la organización competencial de la normativa relativa al sistema educativo, y la organización territorial del Estado español, que atribuye competencias en la materia a sus distintas autonomías, por el objeto y ámbito geográfico en el que se enmarca el presente estudio, tomaremos como punto de partida, las referencias en materia de sostenibilidad que atribuye la Conselleria de Educació, Cultura y Deporte de la Generalitat Valenciana, tanto en el Decreto 252/2019, de 29 de noviembre, del Consell, de regulación de la organización y funcionamiento de los centros públicos que imparten enseñanzas de Educación Secundaria Obligatoria, Bachillerato y Formación Profesional (ROF de Secundaria), como en el Decreto 193/2021, de 3 de diciembre, del Consell, de organización y funcionamiento de los centros integrados públicos de Formación Profesional de la Comunitat Valenciana (ROF CIPFP).

De la exégesis del ROF de Secundaria surgen múltiples preceptos relacionados con la sostenibilidad. A grandes rasgos, es conveniente señalar los siguientes:

(i) Artículo 10.f), que señala que entre las funciones del personal directivo se encuentra la coordinación del personal y la gestión de los recursos del centro bajo los criterios de calidad, eficiencia y sostenibilidad, a través de su adecuada organización y funcionamiento.

(ii) Artículo 17.ac), que atribuye a los titulares de la dirección de los centros, entre otras, la competencia de impulsar actuaciones relacionadas con la conservación del medio ambiente y el desarrollo sostenible.

(iii) Artículo 19.h), que establece el impulso de actuaciones relacionadas con la conservación del medio ambiente y el desarrollo sostenible, entre las funciones de la vicedirección.

(iv) Artículo 25.h), que sitúa como principios de actuación de los órganos colegiados de los centros docentes, el impulso y la promoción de actuaciones relacionadas con la conservación del medio ambiente y el desarrollo sostenible, en referencia al consumo adecuado de recursos materiales, agua y energía, a la gestión ecológica de los residuos y a la utilización de materiales no contaminantes, reciclables o reutilizables en colaboración con las familias, las administraciones locales, otros centros docentes o con entidades y organismos públicos o privados.

(v) Artículo 33.x), que determina, entre otras funciones del profesorado, la formulación de propuestas de actuaciones relacionadas con la conservación del medio ambiente y el desarrollo sostenible, en referencia al consumo adecuado de agua y energía, al tratamiento de los residuos y a la utilización de materiales reciclables o reutilizables.

(vi)   Artículo 54.2.e) que asigna la planificación de las fases para la implantación y la sostenibilidad del programa de reutilización de libros y materiales a la persona coordinadora de este programa, designada por la dirección del centro.

(vii) Artículo 82, por el que se contempla el Plan de sostenibilidad de recursos, eficacia energética y tratamiento de residuos. Señala el precepto que los centros docentes colaborarán con los técnicos de la Administración municipal en la elaboración de un plan de sostenibilidad de recursos, eficacia energética y tratamiento de residuos, que formará parte del proyecto de gestión. Además, este plan deberá tener el informe favorable del claustro de profesorado y del consejo escolar.

(viii) Artículo 91.2 en relación con el Decreto 84/2018, de 15 de junio, del Consell, de fomento de una alimentación saludable y sostenible en centros de la Generalitat Valenciana. En este sentido, el precepto no sólo promueve el fomento de una alimentación saludable y sostenible en los centros, sino que además, dicha cuestión ya se encuentra regulada en el Decreto 84/2018 que persigue impulsar la incorporación de alimentos agroecológicos, de proximidad y temporada y, tanto a los servicios de restauración de los centros docentes, como a las empresas dedicadas a la ubicación, instalación y funcionamiento de máquinas expendedoras de alimentos y bebidas.

Por su parte el ROF CIPFP, también incluye referencias a la sostenibilidad, aunque no con el ahínco con el que lo hace el ROF de Secundaria. En este sentido, cabe citar únicamente a su artículo 3.8 por el que se establece que uno de los objetivos de los Centros Integrados consiste en «potenciar un modelo de formación profesional inmersa en el medio sociocultural, promotora de la sostenibilidad, el equilibrio ecológico en los procesos de producción y el bienestar social». A diferencia del ROF de Secundaria, el ROF CIPFP se limita a hablar de la sostenibilidad de forma extremadamente puntual y como parte del proceso productivo, sin contemplar la dimensión integral que comporta la sostenibilidad en sí misma.

Por las razones anteriores, precisamente y como veremos, la formación en los ODS hacia el alumnado y el profesorado requerirá, como veremos en las próximas líneas, de la concurrencia de acciones adicionales y voluntarias a las contempladas en la normativa vigente, siendo que toda acción voluntaria, por su propia naturaleza no es exigible ni vinculante, como tampoco lo son en sí mismos, los ODS.

3.1. RETOS Y OPORTUNIDADES DEL PROFESORADO: ENTRE EL COMPROMISO Y LA ACCIÓN

El claustro de profesorado, como indica el ROF de Secundaria en su artículo 32, es el «órgano propio de participación del profesorado en el gobierno del centro, y tiene la responsabilidad de planificar, coordinar, informar y, si procede, decidir sobre los aspectos educativos y académicos del centro». Entre sus competencias, además, se incluye expresamente que deberá «formular propuestas de actuaciones relacionadas con la conservación del medio ambiente y el desarrollo sostenible, en referencia al consumo adecuado de agua y energía, al tratamiento de los residuos y a la utilización de materiales reciclables o reutilizables» (artículo 33.x).

Si bien la atribución de esta competencia con carácter jurídico vinculante dota de una fuerza legal a la incorporación de algunos ODS en la programación de las actividades por parte del claustro del profesorado, lo cierto es que dicha referencia únicamente queda constreñida al ámbito de los ODS del eje planetario, como si el desarrollo sostenible sólo fuera una cuestión de este eje, obviando su tratamiento desde un punto de vista holístico, integrado e indivisible. Es aquí, donde cobra una vital importancia la formación del claustro en lo concerniente al desarrollo sostenible y a sus distintos ejes.

Es obvio que el claustro se encuentra comprometido legalmente a llevar a cabo una serie de actividades en materia de desarrollo sostenible, con motivo de dar cumplimiento al mandato legal, pero cabe preguntarse si las acciones del profesorado tienen un impulso real en contribuir, de forma personal y profesional, a la consecución de los ODS, es decir, si realmente el profesorado involucrado tiene una convicción o no, más o menos realista y en línea con lo contemplado en los ODS.

Lo cierto es que no parecen pocas las funciones que tiene atribuidas este colectivo. Es más, el exceso de competencias a su cargo podría, incluso, desencadenar en severos trastornos asociados a su salud mental que no escapan del sesgo de género (Garcés Delgado, García Álvarez, López Aguilar, Álvarez Pérez, 2023; Cardozo Gutiérrez, 2016; Ayuso Marente, 2006). En este contexto, si el cometido a cumplir por parte del profesorado ya supera su capacidad de dedicación, con toda probabilidad, su formación en cuestiones transversales y arraigadas a la sostenibilidad obedecerá a una elección manifiestamente voluntaria, lo que, sin duda, podría perjudicar seriamente la transmisión del conocimiento de los ODS desde un punto de vista holístico.

3.2. LA SENSIBILIZACIÓN DEL ALUMNADO COMO PRINCIPAL RESULTADO

Entre los compromisos que asume el personal docente consiste, precisamente, hallamos un noble encargo por dotar al alumnado a su cargo de las herramientas académicas, profesionales y personales esenciales para hacer frente a los desafíos que deberá sortear a lo largo de su vida. En este sentido, la formación que pueda proporcionar el profesorado en materia de ODS debería ir encaminada, entre otras cosas, a promover la educación para lograr un desarrollo económico circular y duradero, que permita disfrutar a las generaciones venideras de los derechos que han venido gozando las generaciones presentes, así como promover la igualdad de género, la cultura de la paz y la no violencia, sobre todo en un contexto geopolítico tenso, en el que aumentan los poderes hegemónicos y las desigualdades sociales, la valoración de la diversidad ciudadana, la conservación y restauración de todos los ecosistemas y la biodiversidad, la adquisición de hábitos de vida saludables y el respeto hacia los derechos humanos.

Lograr la sensibilización del alumnado en las materias antedichas en combinación con lo estipulado en el contenido curricular de cada titulación es uno de los grandes retos del profesorado, así como el objetivo último y el principal resultado de aprendizaje de la docencia y la formación en las cuestiones arraigadas al paradigma del desarrollo sostenible.

Capítulo segundo

Los ODS en los ciclos de formación profesional

SUMARIO: 1. LAS ENSEÑANZAS DE LA FORMACIÓN PROFESIONAL EUROPEA: UNA VISIÓN REGIONAL DESDE LA INTERSECCIÓN DE LOS ODS CON LAS METAS ESTABLECIDAS EN EL PACTO VERDE EUROPEO. 2. EL PARADIGMA DEL DESARROLLO SOSTENIBLE EN LA LEY ORGÁNICA 3/2020, DE 29 DE DICIEMBRE, POR LA QUE SE MODIFICA LA LEY ORGÁNICA 2/2006, DE 3 DE MAYO, DE EDUCACIÓN. 3. REFERENCIAS AL CRITERIO DE SOSTENIBILIDAD EN LA LEY ORGÁNICA 3/2022, DE 31 DE MARZO, DE ORDENACIÓN E INTEGRACIÓN DE LA FORMACIÓN PROFESIONAL Y AL REAL DECRETO 659/2023, DE 18 DE JULIO, POR EL QUE SE DESARROLLA LA ORDENACIÓN DEL SISTEMA DE FORMACIÓN PROFESIONAL.

«La FP dual es un proceso educativo inductivo que otorga valor al saber pragmático, al aprender haciendo que, junto a la adquisición de conocimientos cognitivos propio de la didáctica deductiva (lógica aplicacionista), permite la construcción y el desarrollo del pensamiento, integrando saberes y experiencias de ambos ámbitos, educativo y laboral»

Javier Vila Vázquez

Profesor de FOL CIPFP Misericordia, Valencia

1. LAS ENSEÑANZAS DE LA FORMACIÓN PROFESIONAL EUROPEA: UNA VISIÓN REGIONAL DESDE LA INTERSECCIÓN DE LOS ODS CON LAS METAS ESTABLECIDAS EN EL PACTO VERDE EUROPEO

Tal como indica Vila Vázquez (2018, p. 23), «los sistemas educativos europeos presentan variantes en cuanto a las edades que comprende la educación obligatoria, el inicio de los estudios de FP, la comprensividad de la educación y la posibilidad de realización de prácticas en el puesto de trabajo durante los estudios de FP». Ello responde, indiscutiblemente, a la existencia de una gran diversidad de la ciudadanía europea y sus modelos productivos en el seno del territorio de la Unión.

En línea con lo anterior, siguiendo, nuevamente a Vila Vázquez (2018, p. 24), es posible realizar una clasificación, a grandes rasgos, entre: (i) los Estados que apuestan por la educación comprensiva e inician los estudios de FP tras la escolarización obligatoria, esto es a la edad de 16 años; y (ii) aquellos Estados que sitúan la diversificación temprana de los estudios de FP durante la escolarización obligatoria, entre los 14 y los 15 años, o incluso, en períodos anteriores.

Ahora bien, en una UE en constante cambio y convencida en ofrecer una conexión entre las capacidades de las personas y la demanda del mercado laboral (Cedefop, 2024, p. 1), surgen las microcredenciales, entendidas como «microcertificaciones» que buscan acreditar los resultados de una experiencia de aprendizaje breve y sujeta a control de calidad, brindando acceso al mercado laboral, además de una inclusión en los marcos nacionales de certificaciones y ofrece oportunidades de perfeccionamiento y reciclaje profesional (Cedefop, 2022, pp. 1-5).

Por otra parte, paralelamente a este cambio en la conceptualización de nuevas modalidades de adquisición de conocimiento, es preciso contemplar la exégesis de la sostenibilidad en el territorio de la UE. De este modo, en diciembre de 2019, la Comisión Europea presentó el Pacto Verde Europeo (PVE) contemplándose como el plan de la «nueva estrategia de crecimiento destinada a transformar la UE en una sociedad equitativa y próspera» y responder al desafío que supone el cambio climático, el colapso de la biodiversidad y la escasez de recursos naturales (Comisión Europea, 2019). Su adopción, encaja a la perfección con la «Agenda Estratégica de la Unión para 2019-2024», adoptada previamente por el Consejo Europeo el 20 de junio del mismo año (Zambrano González, 2023, p. 156).

Así pues, conviene abordar la intersección entre los ODS y el PVE. Como parte de su acción por el clima y, en la línea del ODS 13 y los objetivos establecidos en el Acuerdo de París sobre el cambio climático, uno de los principales retos del PVE se centra en alcanzar la descarbonización de la economía de sus Estados miembros (EEMM) persiguiendo ser climáticamente neutra en 2050, a través de una profunda transformación socioeconómica. Como es de suponer, lograr una transición ecológica y energética de gran alcance implica realizar una intervención severa en distintas áreas clave y en contemplar objetivos intermedios, medibles y evaluables hasta concluir en el objetivo final de la neutralidad climática[1]. A continuación, se incluye la descripción gráfica de los elementos clave del PVE, según la Comisión Europea.

Figura 2. Los elementos del Pacto Verde Europeo

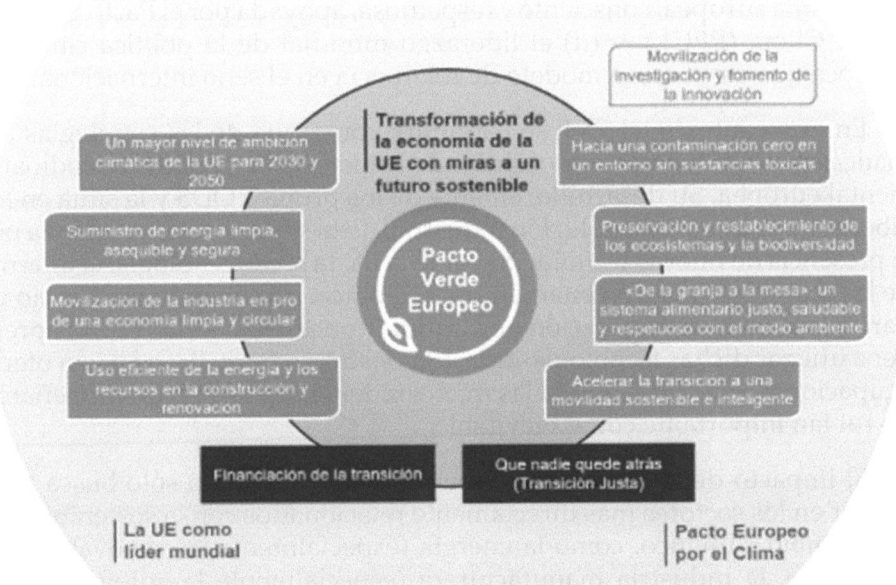

Fuente: Comisión Europea, 2019.

Como vemos en la figura anterior, el PVE descansa sobre: (i) la determinación de nuevos objetivos ambiciosos en materia de mitigación de los

---

1. En este sentido, el objetivo de mitigación de los GEI, jurídicamente establecido en la Unión Europea para 2030, se sitúa en al menos, un 50% a un 55%, de la reducción de los GEI. Así lo recoge el artículo 2 del Reglamento (UE) 2021/1119 del Parlamento Europeo y del Consejo de 30 de junio de 2021 por el que se establece el marco para lograr la neutralidad climática y se modifican los Reglamentos (CE) núm. 401/2009 y (UE) 2018/1999 («Legislación europea sobre el clima»).

gases de efecto invernadero (GEI) que causan el cambio climático; (ii) la energía; (iii) la industria; (iv) la eficiencia energética de los edificios; (v) la movilidad; (vi) la alimentación y producción sostenible; (vii) la protección de la biodiversidad; y (viii) una estrategia de contaminación cero, aplicable a todas las políticas de la Unión. La intervención sectorial propuesta por el PVE requerirá, además, de: a) una movilización de los recursos económicos y financieros, a fin de poner en marcha las medidas necesarias para lograr los objetivos de neutralidad climática; b) la dotación de un Mecanismo de Transición Justa (MTJ), que garantice la aplicación de las medidas en igualdad de condiciones para todos los actores sociales y la diversidad de los EEMM, para evitar que «nadie se quede atrás»; (c) el compromiso de la ciudadanía europea, consciente y respetuosa, apoyada por el Pacto Europeo por el Clima (PECL); y (d) el liderazgo mundial de la política climática europea que sirva como modelo de referencia en el seno internacional.

En este contexto, el PVE se configura como una de las estrategias climáticas más ambiciosas y profundas de la historia de la política medioambiental europea. Su desarrollo, emerge de los propios ODS y la sitúa en los albores de una cuarta revolución industrial. Esta situación se caracteriza por la presencia de nuevas tecnologías como la IA, la nanotecnología, el internet de las cosas, la transición energética y ecológica, suponiendo un cambio de paradigma en la configuración de las titulaciones, pues es necesario aprender a utilizar dichas tecnologías que, a la postre, se traducirán en una oferta ocupacional renovada, donde las microcredenciales y la FP desempeñarán un rol tan importante como inevitable.

El impacto de la transición a una economía verde no sólo busca trascender en los sectores más directamente relacionados con la sostenibilidad y el cambio climático, como la energía (especialmente las renovables), el transporte, la industria manufacturera (especialmente la automoción, el acero y el hierro), la construcción, la agricultura y la gestión de residuos, sino también otros sectores se verán afectados, aunque con intensidades diversas (Cedefop, 2021, p. 15). Precisamente, por este motivo, cabe realizar una adaptación curricular de los contenidos en los ciclos de FP, no sólo atendiendo a los criterios contemplados en líneas generales en los ODS, sino que éstos deberán necesariamente interseccionarse con las políticas públicas europeas en materia de sostenibilidad y, particularmente con las estrategias concebidas en el propio PVE, más aún si se tiene en cuenta que la aplicación del PVE puede crear unos 2,5 millones de puestos de trabajo adicionales a los tradicionalmente contemplados (Cedefop 2023). De este modo la educación y formación profesional inicial y continua satisfará las futuras necesidades de competencias derivadas de la transición energética y ecológica (Cedefop 2023). Para lograr una comprensión gráfica de lo antedicho, se acompaña el siguiente gráfico:

Figura 3. Profesiones clave para la transición ecológica (sectores seleccionados, evaluaciones de expertos)

Fuente: Cedefop, 2023a.

A mayor abundamiento, en el marco del desarrollo del PVE, en tanto respuesta de la UE al cumplimiento de los compromisos internacionales contemplados, es posible hallar el alumbramiento de un paquete de propuestas normativas interconectadas que tiene por objeto lograr la reducción del 55% de los GEI, para posibilitar la transición de los modelos socioeconómico e industrial europeos hacia la neutralidad climática (Zambrano González, 2023, p. 193). Esta batería normativa ha recibido el nombre de «Objetivo 55» (*Fit for 55*, en inglés) y están basadas fundamentalmente en:

1. La adopción o revisión de políticas y de legislación vigente de los principales sectores o áreas de acción contempladas en el PVE, a saber, energía, industria, eficiencia energética.

2. Medidas de carácter financiero. Precisamente, la transición verde requiere de la asignación de recursos y estímulos económicos, a través del Plan de Recuperación de la UE (fondos NextGeneratio-nEU) destinado a contribuir en un 37% a esta transformación multidimensional.

3. Consolidación del liderazgo mundial de la UE. Como hemos visto con anterioridad, la acción climática requiere de un esfuerzo global, por lo que el «Objetivo 55» plantea como medida, la creación de una agenda de trabajo adicional con otras organizaciones internacionales como el G-7, el G-20 para tratar cuestiones referentes a la transición ecológica y, así, abordar amenazas existentes a la vez que se crean nuevas oportunidades.

Pues bien, centrándonos en el desarrollo de medidas en el sector industrial, por cuanto acumula gran parte de las titulaciones en la FP, es menester hacer referencia a la presentación del Plan Industrial del PVE, entre cuyas prioridades se contempla garantizar las transiciones laborales y la creación de empleo de calidad a través de la formación y la educación (Comisión Europea, 2023, p. 3). En este sentido, todos los sectores cruciales para la transición ecológica, identificados en el Plan Industrial del PVE y que incluyen la gestión de residuos, la construcción y la energía, dependen de empleos de cualificación intermedia (en los niveles CINE 3 y 4) a los que suele dar acceso la FP (Cedefop, 2023a). Con todo, en la intersección de los ODS y el PVE, se abre todo un abanico de posibilidades desde el punto de vista de la configuración de la FP europea cuyas disposiciones serán aterrizadas en el conjunto de EEMM de la UE.

2. EL PARADIGMA DEL DESARROLLO SOSTENIBLE EN LA LEY ORGÁNICA 3/2020, DE 29 DE DICIEMBRE, POR LA QUE SE MODIFICA LA LEY ORGÁNICA 2/2006, DE 3 DE MAYO, DE EDUCACIÓN

La entrada en vigor de la Ley Orgánica 3/2020, de 29 de diciembre, por la que se modifica la Ley Orgánica 2/2006, de 3 de mayo, de Educación (LOMLOE), introduce en el sistema educativo español el espíritu de la Agenda 2030 (Negrín Medina & Marrero Galván, 2021, p. 25). Desde el mismo preámbulo, la LOMLOE hace referencias a la incorporación de los ODS en materia de educación, reconociendo la importancia de vislumbrar conocimientos, capacidades, valores y actitudes en pos de un pensamiento crítico y de una ciudadanía mundial empoderada y resiliente a las confrontaciones socioeconómicas que llegarán con el despliegue de efectos adversos de la emergencia climática, de manera que el propio alumnado tenga un conocimiento del impacto generado a través de nuestras acciones diarias en el planeta y con las personas, considerando, además, su sensibilización como principal resultado (LOMLOE, preámbulo, pár. 25).

La incorporación de cuestiones en torno al desarrollo sostenible, la igualdad de género, el consumo responsable, la transición ecológica, la educación para la salud integral física y emocional —incluida la afectivo-sexual— y la ciudadanía mundial, pivotan, en la LOMLOE, en todos los niveles de enseñanzas, pero fundamentalmente en lo que respecta a la educación básica, esto es, la educación primaria, la educación secundaria obligatoria y los ciclos formativos de grado básico. Como indican Negrín Medina y Marrero Galván (2021, p. 26), muchos de estos términos no aparecían recogidos ni en la LOE ni en la LOMCE.

Entre los fines que establece la LOMLOE, el artículo 2.1.e) destaca que el sistema educativo español se orientará a: «la formación para la paz, el respeto a los derechos humanos, la vida en común, la cohesión social, la cooperación y la solidaridad entre los pueblos, así como la adquisición de valores que propicien el respeto hacia los seres vivos y los derechos de los animales y el medio ambiente, en particular al valor de los espacios forestales y el desarrollo sostenible». En esta disposición legislativa convergen, todos los ODS contemplados en los párrafos precedentes.

De modo que, si ya era cuestión compleja su implementación en el escenario internacional, su aterrizaje en el ámbito educativo nacional y autonómico es extremadamente frágil, por varios motivos. En primer lugar, por la falta de un profesorado acreditado, formado y sensible a las cuestiones emanadas del desarrollo sostenible; en segundo lugar, nuevamente, por la falta de recursos tanto estatales como autonómicos para la puesta en marcha de toda esta transformación en materia formativa. Ello no puede depender única y exclusivamente de la autonomía de los centros, sin perjuicio de que el PEC recoja los valores, fines y prioridades de actuación en materia de sostenibilidad, igualdad de género, no discriminación, cultura de paz y el respeto por los derechos humanos, en coherencia con los currículos establecidos por la Administración educativa (artículo 121 LOMLOE).

Conviene reflexionar que, la educación para la ciudadanía mundial (ECM), debe ir encaminada al reconocimiento de distintas dimensiones de los retos globales: bien desde el ámbito social, político, económico, cultural y ambiental; mientras que la educación para el desarrollo (ED) debe facilitar una comprensión crítica de las dimensiones antedichas desde un prisma comparativo entre el Norte y el Sur global (Martínez-Agut, 2022, p. 7). Con todo, y conectando con el anterior capítulo, para alcanzar las metas fijadas en los ODS, resulta incuestionable, nuevamente, la labor inmanente del profesorado y así lo contempla la disposición adicional sexta de la LOMLOE, toda vez que, en su disposición adicional sexta, señala:

«Tal como se establece en el cuarto Objetivo de Desarrollo Sostenible de la Agenda 2030, la educación para el desarrollo sostenible y para la ciudadanía mundial se tendrá en cuenta en los procesos de formación del profesorado y en el acceso a la función docente. De acuerdo con lo anterior, para el año 2022 los conocimientos, habilidades y actitudes relativos a la educación para el desarrollo sostenible y para la ciudadanía mundial habrán sido incorporados al sistema de acceso a la función docente. Asimismo, en 2025 todo el personal docente deberá haber recibido cualificación en las metas establecidas en la Agenda 2030».

Aunque resulte un elemento reiterativo, sin un profesorado comprometido en acción y formación en cuestiones arraigadas a los ODS, difícilmente podrán lograrse los fines establecidos en la LOMLOE. Ahora bien, atribuir toda esta responsabilidad única y exclusivamente al profesorado es inviable, por lo que deberá proporcionársele todo el apoyo y soporte necesario para concluir su labor con la diligencia debida. Formando personas ciudadanas del mundo, socialmente responsables y ambientalmente conscientes.

3. REFERENCIAS AL CRITERIO DE SOSTENIBILIDAD EN LA LEY ORGÁNICA 3/2022, DE 31 DE MARZO, DE ORDENACIÓN E INTEGRACIÓN DE LA FORMACIÓN PROFESIONAL Y AL REAL DECRETO 659/2023, DE 18 DE JULIO, POR EL QUE SE DESARROLLA LA ORDENACIÓN DEL SISTEMA DE FORMACIÓN PROFESIONAL

Al igual que hemos visto en la LOMLOE, la Ley de la FP está plagada de referencias hacia el «desarrollo sostenible», «la sostenibilidad», la «educación ambiental», el «turismo sostenible» y la eficiencia energética. No en vano, desde el mismo preámbulo (pár. 29), la Ley de la FP arguye que:

«el sistema de FP puede y debe ser un aliado prioritario, tanto en la conversión a la economía digital como en la tarea de transición ecológica y lucha contra el cambio climático desde el ámbito laboral, aprovechando además las oportunidades que se abren en múltiples campos profesionales relacionados con la mitigación de emisiones (rehabilitación energética de edificios; instalación y mantenimiento de plantas de energía renovable; compostaje de biorresiduos), la adaptación a los impactos climáticos (jardinería de bajo consumo de agua; agroecología; horticultura urbana), o la promoción de una cultura de sostenibilidad (educación ambiental; ocio y turismo sostenible; consultoría en ahorro y eficiencia energética)».

De conformidad con el artículo 1 de la Ley de la FP, en sí misma, la finalidad de es doble. En primer lugar, deberá «regular un régimen de formación y acompañamiento profesionales que, sirviendo al fortalecimiento, la competitividad y la sostenibilidad de la economía española, sea capaz de responder con flexibilidad a los intereses, las expectativas y las aspiraciones de cualificación profesional de las personas a lo largo de su vida». Por otra parte, esta Ley deberá responder «a las competencias demandadas por las nuevas necesidades productivas y sectoriales tanto para el aumento de la productividad como para la generación de empleo». Por lo tanto, está Ley está dirigida a formar a profesionales y satisfacer necesidades del mercado laboral a través de su incorporación.

Singularmente, el sistema de FP deberá desarrollarse según principios de actualización permanente que puedan anticiparse a la detección de cambios arraigados a la digitalización, la transición energética y ecológica, así como la sostenibilidad ambiental (artículo 3.1.l) de la Ley de FP). Sobre este respecto, nos hemos pronunciado con anterioridad. Realizada la delimitación de la conexión existente entre los ODS y el PVE, se ha evidenciado que sus lineamientos se interseccionan e implementan de forma progresiva, ambiciosa y transversal en la FP europea. Esta realidad no se escapa de la aplicación que debe realizarse en España, en tanto EEMM de la UE. De hecho, de forma paralela al desarrollo normativo del PVE, el Objetivo 55 y el Plan Industrial del PVE, interesa destacar la existencia de instrumentos nacionales que buscan aterrizar y adoptar políticas públicas dirigidas a lograr la neutralidad climática y alcanzar el desarrollo sostenible de forma particular en España. Hablamos aquí de la Estrategia a Largo Plazo (ELP) para la descarbonización de la economía española y el Plan Nacional Integrado de Energía y Clima (2021-2030). La implementación de estas estrategias conlleva al mismo objetivo: impulsar las energías renovables, disminuir el volumen de emisiones de los GEI y aumentar la capacidad de resiliencia española ante los efectos adversos del cambio climático.

En este tránsito hacia las energías limpias y la neutralidad climática, se imbrican, nuevamente, la formación profesional y el mercado laboral. En coherencia con ello, «el sistema de FP Inicial tiene por objeto dotar a los alumnos de las competencias adecuadas para desarrollar una actividad profesional y adaptarse a los cambios a lo largo de su vida laboral» (Cedefop, 2023b, p. 33). Ello no excluye la posibilidad de potenciar el desarrollo de la personalidad humana en pos de «una ciudadanía democrática y pacífica, y permitir su progresión en el sistema educativo en el marco del aprendizaje a lo largo de la vida» (Cedefop, 2023b, p. 33; Vila Vázquez, J. J. & Chisvert Tarazona, M. J., 2018, p. 44). Dado que la Ley de la FP establece una oferta única, modular y flexible, estructurada en itinerarios de formación cumulativos según grados, su oferta de titulaciones, se convierte en una apuesta atractiva para satisfacer las necesidades del mercado laboral al que se incorporará el alumnado de los ciclos de FP, quienes deberán saber sortear los elementos arraigados a los ODS.

Vaya por delante que, dado el carácter dual de la FP española, tanto la empresa como los centros formativos y su profesorado se ve comprometido a la implementación de los criterios de sostenibilidad legalmente establecidos. Teniendo claro esto, es menester aportar unas pinceladas al módulo profesional de Sostenibilidad aplicada al sistema productivo y contemplado por el Real Decreto 659/2023, de 18 de julio, por el que se desarrolla la ordenación del Sistema de Formación Profesional. Se trata de un módulo cuya finalidad se centra en «el desarrollo de conocimiento y competencias básicas en economía verde, sostenibilidad e impacto ambiental de la actividad, así como las condiciones en que las exigencias de la transición ecológica modifican los procesos productivos del sector correspondiente, siendo su currículo básico, común a los ciclos formativos de grado medio y superior» (artículo 100 del RD 659/2023).

En lo concerniente al currículo básico del mencionado módulo profesional, el RD 659/2023 lo contempla en su Anexo VIII. El código otorgado es el 1708, y cuenta con una duración de 30 horas, equivalentes a 3 créditos ECTS. Destacan, como no, sus resultados de aprendizaje, donde nos detendremos ligeramente. A saber:

«1. Identifica los aspectos ambientales, sociales y de gobernanza (ASG) relativos a la sostenibilidad teniendo en cuenta el concepto de desarrollo sostenible y los marcos internacionales que contribuyen a su consecución. Criterios de evaluación:

a)   Se ha descrito el concepto de sostenibilidad, estableciendo los marcos internacionales asociados al desarrollo sostenible.

b)   Se han identificado los asuntos ambientales, sociales y de gobernanza que influyen en el desarrollo sostenible de las organizaciones empresariales.

c)   Se han relacionado los Objetivos de Desarrollo Sostenible (ODS) con su importancia para la consecución de la Agenda 2030.

d)   Se ha analizado la importancia de identificar los aspectos ASG más relevantes para los grupos de interés de las organizaciones relacionándolos con los riesgos y oportunidades que suponen para la propia organización.

e)   Se han identificado los principales estándares de métricas para la evaluación del desempeño en sostenibilidad y su papel en la rendición de cuentas que marca la legislación vigente y las futuras regulaciones en desarrollo.

f)   Se ha descrito la inversión socialmente responsable y el papel de los analistas, inversores, agencias e índices de sostenibilidad en el fomento de la sostenibilidad.

2. Caracteriza los retos ambientales y sociales a los que se enfrenta la sociedad, describiendo los impactos sobre las personas y los sectores productivos y proponiendo acciones para minimizarlos. Criterios de evaluación:

a)   Se han identificado los principales retos ambientales y sociales.

b)   Se han relacionado los retos ambientales y sociales con el desarrollo de la actividad económica.

c)   Se ha analizado el efecto de los impactos ambientales y sociales sobre las personas y los sectores productivos.

d)   Se han identificado las medidas y acciones encaminadas a minimizar los impactos ambientales y sociales.

e)   Se ha analizado la importancia de establecer alianzas y trabajar de manera transversal y coordinada para abordar con éxito los retos ambientales y sociales.

3. Establece la aplicación de criterios de sostenibilidad en el desempeño profesional y personal, identificando los elementos necesarios. Criterios de evaluación:

a)   Se han identificado los ODS más relevantes para la actividad profesional que realiza.

b)   Se han analizado los riesgos y oportunidades que representan los ODS.

c)   Se han identificado las acciones necesarias para atender algunos de los retos ambientales y sociales desde la actividad profesional y el entorno personal.

4. Propone productos y servicios responsables teniendo en cuenta los principios de la economía circular. Criterios de evaluación:

a)   Se ha caracterizado el modelo de producción y consumo actual.

b)   Se han identificado los principios de la economía verde y circular.

c)   Se han contrastado los beneficios de la economía verde y circular frente al modelo clásico de producción.

d)   Se han aplicado principios de ecodiseño.

e)   Se ha analizado el ciclo de vida del producto.

f)   Se han identificado los procesos de producción y los criterios de sostenibilidad aplicados.

5. Realiza actividades sostenibles minimizando el impacto de las mismas en el medio ambiente. Criterios de evaluación:

a)   Se ha caracterizado el modelo de producción y consumo actual.

b)   Se han identificado los principios de la economía verde y circular.

c)   Se han contrastado los beneficios de la economía verde y circular frente al modelo clásico de producción.

d)   Se ha evaluado el impacto de las actividades personales y profesionales.

e)   Se han aplicado principios de ecodiseño.

f)   Se han aplicado estrategias sostenibles.

g)   Se ha analizado el ciclo de vida del producto.

h)   Se han identificado los procesos de producción y los criterios de sostenibilidad aplicados.

i)   Se ha aplicado la normativa ambiental.

6. Analiza un plan de sostenibilidad de una empresa del sector, identificando sus grupos de interés, los aspectos ASG materiales y justificando acciones para su gestión y medición. Criterios de evaluación:

a)   Se han identificado los principales grupos de interés de la empresa.

b)   Se han analizado los aspectos ASG materiales, las expectativas de los grupos de interés y la importancia de los aspectos ASG en relación con los objetivos empresariales.

c)   Se han definido acciones encaminadas a minimizar los impactos negativos y aprovechar las oportunidades que plantean los principales aspectos ASG identificados.

d)   Se han determinado las métricas de evaluación del desempeño de la empresa de acuerdo con los estándares de sostenibilidad más ampliamente utilizados.

e)   Se ha elaborado un informe de sostenibilidad con el plan y los indicadores propuestos».

Vistos los elementos esenciales del módulo, merece la pena destacar que, pese a que el propósito es bienintencionado, no está exento de crítica. En primer lugar, porque la carga horaria atribuida a la docencia del módulo, impide abordar con suficiencia la cantidad de contenidos que deberían ser impartidos por el personal docente y, en consecuencia, ello impide alcanzar los resultados de aprendizaje contemplados. En segundo lugar, porque la delimitación del currículo sólo se ciñe a impartir una enseñanza de los ODS del eje de planeta, sin tenerlos en cuenta con carácter holístico. En tercer lugar, el módulo parte con un error de base en su denominación ya que, indirectamente, se interponen limitaciones al determinar que es un módulo «arraigado al sistema productivo» sin realizar la incorporación de los criterios de sostenibilidad desde el punto de vista integral como propone el presente estudio.

A mayor abundamiento, desde un punto de vista jurídico, es inviable contemplar como criterio de evaluación la aplicación de la normativa ambiental (RA 5i) sin tan siquiera considerar una evaluación previa sobre la interrelación existente entre el ciclo y el módulo profesional y es preciso reiterar que del conjunto de criterios de evaluación referentes a las ciencias jurídicas y económicas son absolutamente desproporcionados con respecto a los resultados de aprendizaje perseguidos y la carga horaria del docente, esto se traduce en que tanto los contenidos como los criterios de evaluación y los resultados de aprendizaje sean prácticamente inasumibles por parte del personal docente y tal vez, sea necesaria su modificación y/o adaptación. Además de requerir una cualificación extraordinaria del personal docente para impartir con calidad todos los contenidos fijados en el currículo.

De la teoría a la acción: los ODS en la docencia de FOL. Propuesta de actividades y metodologías activas

SUMARIO: 1. DEFINICIÓN DE LAS METODOLOGÍAS ACTIVAS. 2. RETOS DE LA DIVERSIDAD DE LOS CICLOS: ¿CÓMO ABORDAR LOS ODS EN TODAS LAS AULAS DE LA FP A NIVEL GENERAL?. 3. ¿CÓMO INCLUIR LOS ODS EN EL TEMARIO DE FOL?: DINAMIZACIÓN DEL AULA Y PROPUESTA DE ACTIVIDADES SEGÚN LOS CONTENIDOS DEL CURRÍCULO.

«Jugar es un derecho de la infancia reconocido por las Naciones Unidas y una necesidad a lo largo de la vida»

International Play Association

IPA, Spain

1. DEFINICIÓN DE LAS METODOLOGÍAS ACTIVAS

La razón de ser de la producción de este tercer capítulo, se centra en diseñar propuestas consideradas viables en la docencia del módulo de FOL, considerando las complejidades que afronta el alumnado de FP que, en la actualidad, enfrenta retos globales de amplísima magnitud que superan su nivel de comprensión. Sobra decir que «educar» es un reto, sin duda alguna. Un reto de vital trascendencia que ha marcado a la Humanidad, a lo largo de los siglos, incluso desde el inicio de nuestros orígenes como especie.

La evolución del ser humano ha ido modificando no sólo su forma de relacionarse en —y con— la sociedad, la esfera pública y el entorno político, sino también su forma de integrar un conjunto de conocimientos y valores perfectamente transmisibles y aplicables *intra* e *inter* generaciones, con la finalidad única de perpetuarlos para evitar su desaparición. Consideramos la educación como un patrimonio inmaterial de la Humanidad que debe procurar por incluir avances y mejoras en el proceso permanente de enseñanza-aprendizaje. No obstante, como consecuencia de los distintos procesos y contextos sociales, la educación también ha sido objeto de continuas modificaciones. En este contexto, han variado mucho los modos en los que son transmitidos esa diversidad de contenidos.

La preocupación por aportar respuestas al proceso de enseñanza-aprendizaje, ha dejado una profunda impronta en el mundo de la pedagogía. Desde los estudios de la Escuela Nueva, como el precursor de las metodologías activas en contraposición a la escuela tradicional (Luelmo del Castillo, 2018, pp. 1-9) y, hasta el día de hoy, entre las inquietudes que más abordan al personal docente, se encuentra el interrogante de cómo generar motivación en el alumnado, sobre todo, del alumnado en edad adolescente.

Siguiendo a Luelmo del Castillo (2018, p. 10), la definición que se atribuye a la enseñanza basada en metodologías activas se refiere a «una enseñanza centrada en el estudiante, en su capacitación en competencias tanto específicas, de una determinada disciplina, como transversales». Este tipo de enseñanza se compone de «aquellos métodos, técnicas y estrategias que utiliza el docente para convertir el proceso de enseñanza en actividades que fomenten la participación activa del estudiante y lleven al aprendizaje» (Labrador Piquer, & Andreu Andrés, 2008, p. 5). Existen tantas metodologías activas como propuestas de innovación educativa, si bien, para calificar de «activa» a una metodología que intervendrá en el proceso de enseñanza-aprendizaje se requiere de, al menos, cinco elementos clave: (i) que el alumnado asuma un papel principal y central en el proceso de enseñanza-aprendizaje; (ii) que se establezca una interacción entre el alumnado; (iii) que se dé un proceso de reflexión tras la incorporación de la metodología, es decir, un aprendizaje por descubrimiento; (iv) que el alumnado sea capaz de planificar, monitorizar, autoevaluar y fijar objetivos en torno a su proceso de aprendizaje y; (v) la interacción con el entorno ante la complejidad de situaciones o problemas reales (Luelmo del Castillo 2018, p. 11).

A tenor de lo expuesto y, sin ánimo de constreñir la propuesta a ningún tipo de metodología activa en concreto, el presente estudio se centra en la consideración de que contemplar un *mix* metodológico que aúne distintas metodologías activas en combinación con la clase magistral, teniendo en cuenta la experiencia docente de quien suscribe las presentes líneas. Ello, sin perjuicio de considerar la gamificación y el aprendizaje basado en juegos como estrategias pedagógicas óptimas, viables e innovadoras que impulsan la motivación del alumnado.

2. RETOS DE LA DIVERSIDAD DE LOS CICLOS: ¿CÓMO ABORDAR LOS ODS EN TODAS LAS AULAS DE LA FP A NIVEL GENERAL?

Partiendo de la base de la existencia de tantas familias profesionales como profesiones, artes u oficios se desarrollan en los ciclos de FP, desde un punto de vista absolutamente objetivo, se realiza una propuesta basada en la determinación de una serie de principios u orientaciones en combinación con distintas metodologías de innovación educativa que guiarán el proceso de enseñanza-aprendizaje y que pueden ser aplicables comúnmente a la diversidad de los ciclos de FP, teniendo en cuenta, evidentemente, el contenido curricular de los módulos y titulaciones coordinadas por el docente. Estos principios son esenciales en la configuración del desarrollo integral del alumnado, combinando tanto la adquisición de conocimientos teóricos como la aplicación práctica de los mismos en contextos reales. A saber:

(i) Promoción de la participación activa del alumnado. Generar motivación e implicación activa del alumnado en el proceso de enseñanza-aprendizaje, resulta ampliamente estimulante en el aula. En este sentido, sería altamente recomendable diseñar actividades que permitan tanto el trabajo autónomo como el trabajo en grupo, mediante la realización de agrupamientos flexibles que estimulen la cooperación, la ayuda mutua y el aprendizaje colaborativo. En este sentido, se recomienda que se realice una labor observacional con carácter previo a la formación de los grupos.

(ii) Aprendizaje competencial. Este enfoque obedece a la integración de los conceptos teórico-prácticos, asegurando que los aprendizajes sean pertinentes y aplicables para resolver problemas y situaciones reales. Esta metodología facilita la adaptación a las demandas del contexto profesional y contribuye a una mejor comprensión del entorno.

(iii) Fomento de la confianza y respeto mutuo. Un ambiente de confianza y respeto es crucial para mantener el orden y un clima seguro en el aula. Tanto el alumnado como el profesorado deben colaborar en un entorno de apoyo y ayuda mutua, siendo esencial para el desarrollo personal y académico.

(iv) Concepción del error como parte del proceso de aprendizaje. El error debe ser visto como un elemento natural e inherente al proceso de enseñanza-aprendizaje. En este sentido, los errores deben ser utilizados como puntos de partida para promover nuevos aprendizajes, promoviendo una actitud de mejora continua.

Al promover la participación activa, el trabajo colaborativo, y un ambiente de confianza y respeto, se facilita no solo la adquisición de conocimientos, sino también el desarrollo de habilidades interpersonales y competencias clave para el mundo laboral. La integración de teoría y práctica, así como la concepción del error como parte del aprendizaje, permite a los estudiantes desarrollar una actitud crítica y reflexiva, esencial para su crecimiento personal y profesional. Si consideramos el conjunto de orientaciones propuestas en combinación con cualquier tipo de metodología activa, la experiencia en el aula puede ser altamente gratificante tanto para el docente como para el alumnado.

3. ¿CÓMO INCLUIR LOS ODS EN EL TEMARIO DE FOL?: DINAMIZACIÓN DEL AULA Y PROPUESTA DE ACTIVIDADES SEGÚN LOS CONTENIDOS DEL CURRÍCULO

Teniendo en cuenta las dimensiones del presente estudio, se adelanta que no se realizará una programación completa de los contenidos curriculares del módulo de FOL, pudiendo considerarse su desarrollo posterior en futuras investigaciones. Teniendo en cuenta lo antedicho, partiremos de la programación de los bloques temáticos de Evaluación de riesgos profesionales y planificación de la prevención de riegos en la empresa, del módulo de FOL, correspondiente al título de Técnico Superior en Dirección de Servicios en Restauración, del CIPFP Los Arcos de la localidad de Valencia, como situación hipotética. A continuación, se describirá los datos de identificación del título:

–   Denominación: Dirección de Servicios en Restauración.

–   Nivel: Formación Profesional de Grado Superior.

–   Duración: 2000 horas.

–   Familia Profesional: Hostelería y Turismo.

–   Referente europeo: CINE-5b (Clasificación Internacional Normalizada de la Educación).

–   Centro: CIPFP Los Arcos, Valencia (España).

De conformidad con el supuesto, la normativa aplicable sería: (i) por un lado, el Real Decreto 688/20, de 20 de mayo, por el que se establece el título de Técnico Superior en Dirección de Servicios de Restauración y se fijan sus enseñanzas mínimas y; (ii) la Orden 24/2013, de 21 de abril, de la Conselleria de Educación, Cultura y Deporte por la que se establece para la Comunitat Valenciana el currículo del ciclo formativo de Grado Superior correspondiente al título de Técnico Superior en Dirección de Servicios en Restauración.

El bloque temático del supuesto estaría integrado por tres unidades didácticas (UD) que pueden interrelacionarse entre sí: (a) seguridad y salud laboral; (b) la prevención de riesgos laborales (PRL) en la empresa; y (c) la autoprotección y primeros auxilios. En este contexto, la PRL emerge como una pieza clave en el ámbito laboral, y su inclusión en el módulo de FOL adquiere una relevancia significativa en la formación integral del alumnado. En un medio donde la seguridad y salud ocupacional son pilares fundamentales para el bienestar de las personas trabajadoras, la enseñanza de los principios y prácticas de la PRL se convierte en una herramienta indispensable para preparar a los y las profesionales del futuro, es decir, nuestro alumnado.

En sí mismos, los riesgos laborales pueden derivar en accidentes de trabajo (AT), enfermedades profesionales (EP) o incluso en situaciones de incapacidad temporal (IT) o permanente (IP), afectando no solo al individuo, sino también a su entorno familiar y social. Por lo tanto, al proporcionar al alumnado conocimientos sobre identificación, evaluación y prevención de riesgos laborales, se contribuye a la formación de profesionales conscientes de la importancia de la seguridad y salud en el trabajo.

De igual forma, la enseñanza de estos conocimientos podría traducirse en una contribución personal directa al ODS 8, que versa sobre el crecimiento económico y el trabajo decente, pero también confluyen el resto de ODS. Por ejemplo, en una situación de calentamiento global, los riesgos laborales físicos asociados a las altas temperaturas, generan la acción del ODS 13. En la misma línea, cabría hablar del ODS 7, por cuanto para conseguir espacios aclimatados, sin incurrir en términos de pobreza energética, es necesaria la energía asequible y no contaminante; de igual forma, las enfermedades profesionales pueden afectar a la diversidad de géneros, pudiendo priorizarse la adopción de medidas de PRL a todos los géneros y así sucesivamente.

Asimismo, la PRL en el módulo de FOL promueve una cultura preventiva en el ámbito laboral. Inculcar desde las etapas formativas la importancia de anticiparse y evitar los riesgos laborales no solo reduce la incidencia de accidentes y enfermedades profesionales, sino que también fomenta una actitud proactiva hacia la seguridad entre los trabajadores. Esto se traduce en entornos laborales más seguros, saludables y productivos, donde la prevención es una responsabilidad compartida por todos los miembros de la organización.

Además de reducir la incidencia de accidentes y enfermedades profesionales, los conocimientos en materia de PRL, también tienen un impacto económico significativo. En este sentido, los costes vinculados a la atención sanitaria, o las prestaciones derivadas como consecuencia de los accidentes laborales y la pérdida de productividad debido a ausencias por enfermedad representan una carga financiera para las empresas y la sociedad en su conjunto. Por ello, precisamente, la inversión en PRL no solo protege la salud de los trabajadores, sino que también contribuye a la sostenibilidad en su máxima expresión y en todos los ámbitos: el económico, el social y el jurídico.

Considerando los contenidos desarrollados en el currículo, podrían crearse las siguientes UD que no serán desarrolladas en esta propuesta, más sí dotarán de sentido la misma dado el contexto en el que se incardina este estudio. Así:

UD 1. Seguridad y salud laboral

1.1.	Definiciones básicas en materia de salud y bienestar

1.2.	¿Cómo es posible evitar los riesgos en el trabajo?

1.3.	La incidencia de las actividades profesionales en la salud de las personas trabajadoras

1.4.	La vigilancia de la salud de las personas trabajadoras

UD 2. La prevención de riesgos laborales (PRL)

2.1.	La normativa básica reguladora de la PRL

2.2.	La PRL en el ámbito empresarial

2.3.	La gestión de la PRL en la empresa

2.4.	Los organismos vinculados a la PRL: entidades colaboradoras, mutualidades y servicios ajenos de prevención

UD 3: Autoprotección y primeros auxilios

3.1.   Introducción a la cultura de la prevención: ¿cómo prevenir los AT? ¿cómo se deben señalizar los peligros y riesgos profesionales?

3.2.   El protocolo de actuación ante una emergencia. Nociones básicas de primeros auxilios.

3.3.   La sensibilización ante las emergencias

En atención a la densidad de los contenidos y que el número de tareas de cada UD excedería, con creces, las dimensiones de este estudio, a modo de ejemplo, se propone como actividad, una experiencia didáctica basada en un juego de cartas, correspondiente con la UD 3, sub-epígrafe 3.1, a través de la metodología activa Aprendizaje Basado en Juegos (ABJ).

La actividad propuesta se denominará: «Pares de señales» y tiene por objetivo proporcionar un aprendizaje significativo a través de una experiencia lúdica dirigida al alumnado. Durante la sesión, los alumnos y alumnas se agruparán en grupos de 4 personas. Dentro de cada grupo jugarán por parejas y cada pareja recibirá una baraja diferente. Las barajas contendrán 20 cartas y se dividirán entre las que contienen únicamente señales y las que contienen el significado de las señales. De tal manera que deberán identificar la señal de riesgo y su significado. Con motivo de incorporar transversalmente los ODS, las cartas también deberán incluir un ODS y su respectivo significado. El alumnado interviniente deberá no sólo relacionar el contenido propio de la UD del módulo a tratar, sino que, además, deberá conocer los ODS en su totalidad y deberá relacionarlo con la UD.

El equipo que consiga llegar a completar correctamente los 10 pares de señales, en el menor tiempo, se convertirá en el equipo ganador. Se trata de que, con esta actividad didáctica, el alumnado consiga identificar claramente y, de forma muy visual, las señales de riesgo, su correspondiente significado e invitar al alumnado a realizar una reflexión final sobre la implicación o el impacto de los ODS incluidos en el juego. En lo concerniente a los recursos, indiscutiblemente, será necesario contar con los recursos espaciales y materiales necesarios a fin de ejecutar correctamente la actividad. En este sentido, un aula con espacio suficiente, mesas, sillas, las barajas de cartas, una pizarra, un cronómetro o reloj.

Entre los resultados de aprendizaje contemplados, según la Orden del título expresada con anterioridad, serían de aplicación:

«RA 5. Evalúa los riesgos derivados de su actividad, analizando las condiciones de trabajo y los factores de riesgo presentes en su entorno laboral.

c) Se han clasificado los factores de riesgo en la actividad y los daños derivados de los mismos.

d) Se han identificado las situaciones de riesgo más habituales en los entornos de trabajo del Técnico Superior en Dirección de Servicios de Restauración.

g) Se han clasificado y descrito los tipos de daños profesionales, con especial referencia a accidentes de trabajo y enfermedades profesionales, relacionados con el perfil profesional del Técnico Superior en Dirección de Servicios de Restauración (...).

RA 7. Aplica las medidas de prevención y protección, analizando las situaciones de riesgo en el entorno laboral del Técnico Superior en Dirección de Servicios de Restauración.

b) Se ha analizado el significado y alcance de los distintos tipos de señalización de seguridad».

Ahora bien, como resultado de aprendizaje, no contemplado en el currículo, pero que formaría parte de este estudio, el alumnado debería ser capaz de reconocer los ODS, interrelacionarlos con los contenidos de FOL y se esperaría, contar con su sensibilización en la materia.

Teniendo en cuenta la optimización de los recursos como retos del personal docente ante una situación de emergencia climática como la que vivimos actualmente, a destacar que los recursos a contemplar para el desarrollo óptimo de la presente propuesta no son, ni mucho menos, excesivos. De hecho, la ejecución de esta actividad, únicamente, requeriría de los siguientes elementos:

– Aula

– Pizarra

– Presentación PowerPoint (o similar)

– Equipo de proyector

– Ordenador

– Folios de papel y bolígrafos

– Cartas del juego «Pares de señales»

Con independencia de los diferentes métodos de evaluación utilizados para conocer si el alumnado ha conseguido o no los resultados de aprendizaje, el sistema de evaluación que se utilizará tanto en la programación global del módulo como en las distintas unidades didácticas que lo componen, será final, sumativo y formativo. En este sentido, teniendo en cuenta que este bloque del módulo constaría de 3 unidades didácticas, se propone que la suma de cada una de ellas equivalga a un 33,3% de la nota final trimestral del curso académico. Asimismo, se prevé que todas las actividades sean recuperables salvo aquellas actividades que, por su propia naturaleza, no tengan esa condición. En este caso, es preciso señalar que el alumnado puede tener dificultades para recuperar la actividad, por lo que esta circunstancia deberá ser prevista por el personal docente.

Capítulo Cuarto

La sostenibilidad en el marco europeo de educación superior

SUMARIO: 1. LA TRANSFORMACIÓN HACIA UN SISTEMA DE EDUCA-
CIÓN SUPERIOR ABIERTO, CONECTADO Y SOSTENIBLE EN
LA UNIÓN EUROPEA: EL RETO DE EDUCAR A LA «GENE-
RACIÓN Z». 2. EL DESARROLLO DEL PACTO VERDE EURO-
PEO EN LA EDUCACIÓN SUPERIOR: UNA VISIÓN DE
FUTURO CON REFERENCIAS AL APRENDIZAJE PARA LA
TRANSICIÓN ECOLÓGICA Y EL DESARROLLO SOSTENI-
BLE. 3. EL IMPULSO DE LA SOSTENIBILIDAD CURRICULAR
COMO ELEMENTO ESENCIAL EN LOS TÍTULOS UNIVERSI-
TARIOS: UN ENFOQUE HACIA LAS CIENCIAS JURÍDICAS Y
SOCIALES. 4. PROPUESTAS PARA IMPULSAR MODELOS DE
VIDA Y CONSUMO MÁS SOSTENIBLES EN LOS CENTROS
UNIVERSITARIOS: LA UV COMO MODELO DE REFERENCIA.

*«Aunque muchas instituciones de educación superior ya contribuyen hacia el
desarrollo sostenible, es necesaria una transformación mucho más profunda y de
mayor alcance»*

Stefania Giannini

Subdirectora General de Educación

UNESCO

1. LA TRANSFORMACIÓN HACIA UN SISTEMA DE EDUCACIÓN SUPERIOR ABIERTO, CONECTADO Y SOSTENIBLE EN LA UNIÓN EUROPEA: EL RETO DE EDUCAR A LA «GENERACIÓN Z»

A lo largo del presente estudio, hemos abordado la importancia de incorporar los retos globales y los ODS, desde la pedagogía de FOL, haciendo hincapié no sólo en los estudios postobligatorios, sino teniendo en cuenta los estudios de la Enseñanza Secundaria Obligatoria, desde donde se deberían sembrar las semillas de la sostenibilidad. Habiendo aterrizado la cuestión, corresponde que las próximas páginas sean dedicadas a conocer cómo el Espacio Europeo de Educación Superior (EEES) está llamado a construir nuevos puentes hacia un sistema educativo abierto, inclusivo y sostenible, con el reto que supone educar a una nueva generación que, no sólo deberá hacer frente a múltiples condicionantes y contextos geopolíticos diversos, sino que además cargará con la deuda generada por los problemas inherentes de un medio ambiente degradado por sus generaciones antecesoras, y deberá desarrollar una conciencia ecológica en su etapa universitaria sin precedentes (Rueda Pacheco, M.; Pastor Rodríguez, A. & San Pablo Moreno, P., 2023).

Ciertamente, la delimitación exacta de las distintas edades que comprenden la «generación Z» sigue siendo objeto de debate entre los expertos. A pesar de que no hay un consenso absoluto sobre el año preciso de inicio de esta generación, la mayoría de las fuentes coinciden en situar su comienzo en la década de los 90 del siglo XX. Específicamente, diferentes investigaciones y organismos han propuesto años distintos: por ejemplo, Statistics Canada (2011) sugiere 1993, McCrindle (2021) propone 1995, mientras que otras fuentes como la American Psychological Association (2018), Dimock (2019) y The Economist (2019) optan por 1997. Pese a estas discrepancias, se acepta comúnmente un intervalo de aproximadamente 15 años desde el inicio propuesto para definir a los nacidos dentro de esta generación.

El reto no es, pues, cuestión baladí. Este es el alumnado mayoritario al que el personal docente e investigador (PDI) debe transferir su conocimiento en materia de sostenibilidad en el ámbito de la educación superior. Realmente, la relación de transferencia de conocimiento entre PDI y alumnado, en ocasiones, puede ser compleja. No sólo porque la brecha generacional entre ambos colectivos puede ser bastante amplia, según la posición jerárquica que ocupe el PDI en cuestión, sino porque ambos suelen reflejar inquietudes e intereses diferentes, con diferentes contextos socioeconómicos y distintas perspectivas. A mayor abundamiento, durante el inicio de su etapa universitaria, el alumnado se vale de su *pubilecto* como estrategia de comunicación con sus mentores, lo que dificulta la aproximación de posiciones entre ambos colectivos.

Por otra parte, donde sí existe un consenso generalizado es en la caracterización de la «generación Z» como la primera cohorte de verdaderos nativos digitales. En este sentido, diversos estudios y análisis refuerzan esta idea, subrayando la familiaridad innata de estos individuos con la tecnología digital desde una edad temprana. Entre las fuentes que destacan este aspecto se encuentran Francis y Hoefel (2018), Dobre, Milovan, Duțu, Preda y Agapie (2021), así como Ramos y Fernández (2021). Este profundo vínculo con la tecnología digital distingue a la generación Z de las anteriores, moldeando sus comportamientos, expectativas y formas de interactuar con el mundo.

Además de su identidad como nativos digitales, la generación Z se está consolidando como un grupo de creciente influencia tanto social como económicamente. Estudios como los de Francis y Hoefel (2018), López y Gómez (2021) y McKinsey & BOF (2022) señalan que estos jóvenes no solo están redefiniendo tendencias y valores sociales, sino que también están emergiendo como un segmento de consumidores muy relevante. Su capacidad para influir en el mercado y en la cultura global está estrechamente vinculada a su habilidad para navegar y utilizar las herramientas digitales con una competencia sin antecedentes conocidos. Por ello, entre los planes de la Unión Europea urge la necesidad de adoptar un cambio de paradigma que contemple la digitalización como pilar del marco de una educación superior.

En línea con lo anterior, el Plan de Acción de Educación Digital (PAED, 2021-2027) se configura como una iniciativa política renovada en el territorio de la Unión, además de establecerse como «un elemento clave para la realización personal, la cohesión social, el crecimiento económico y la innovación de una Europa más justa y sostenible» (Comisión Europea, 2020b). Según pone de manifiesto este PAED, la implementación de tecnologías digitales es crucial para alcanzar los objetivos del PVE y lograr la neutralidad climática en 2050. Ello es debido, fundamentalmente, a que las tecnologías digitales actúan como poderosos facilitadores en la transición hacia una economía ecológica, y son capaces de promover el cambio hacia una economía circular y la descarbonización de sectores clave del PVE. Sin embargo, es igualmente importante reducir la huella climática y ambiental de los propios productos digitales. Para ello, es necesario avanzar hacia un comportamiento más sostenible tanto en el desarrollo como en la utilización de estos productos.

En este contexto, el sistema educativo en general, y la educación superior, particularmente, están cada vez más integrados en la transformación digital, lo que le permite aprovechar sus beneficios y oportunidades. No obstante, resulta esencial gestionar eficazmente los riesgos asociados a esta transformación, así como la evaluación de una posible ampliación de la brecha digital entre zonas urbanas y rurales, que podría resultar en un acceso desigual a los beneficios de la digitalización, atentando seriamente contra el cumplimiento de los ODS.

Dado que la transformación digital europea en la educación se ve impulsada por los avances en la conectividad, el uso generalizado de dispositivos y aplicaciones digitales, la creciente demanda y flexibilidad individual de habilidades digitales, surge la necesidad de buscar e implementar mecanismos de adaptación para garantizar «una transición justa» en toda regla y, así, alcanzar el paradigma del desarrollo sostenible (Comisión Europea, 2020b).

Sin duda alguna, el cumplimiento de los ODS refleja una ambición, tal vez, desmesurada o inalcanzable, pero también es importante reconocer que son principios inclusivos, diversos y plurales. Ahora bien, ello no debe ser óbice para que las universidades y/o centros de educación superior permanezcan ajenas a su consecución. De hecho, teniendo en cuenta la propia naturaleza de estas instituciones, se espera que, en su agenda institucional, se promueva la divulgación y aplicación coherente, cohesionada y comprehensiva de los ODS, pero no únicamente teniendo en cuenta a la comunidad universitaria, sino de forma abierta y con vocación de diálogo que permita a la ciudadanía y al resto de actores sociales conocer el estado de la cuestión en la materia bajo los criterios de calidad, equidad y justicia ya que la sostenibilidad exige la creación de redes de comunicación y alianzas con otros sectores de la sociedad que persiguen los mismos objetivos (UNESCO y Asociación de Universidades Confiadas a la Compañía de Jesús en América Latina (AUSJAL), 2023; Segalàs Coral, J., 2015). Estos aliados incluyen a todas aquellas entidades y personas comprometidas en la lucha contra la degradación ambiental y en la construcción de soluciones a problemas locales que tienen repercusiones globales. En efecto, «serán los municipios los espacios en los que muchas de las propuestas de la Agenda 2030 se materialicen» (Boni, A., Belda-Miquel, S., Calabuig-Tormo, C., Millán-Franco, M. A. & Talón-Villacañas, A., 2019).

Considerando esta perspectiva, resulta determinante indicar que la docencia y la investigación deben descansar sobre la transversalidad de los ODS, y que toda la comunidad académica, sin excepciones, así lo refleje. Para conseguirlo, resultaría imprescindible que, tanto las universidades, como los demás centros de educación superior se aseguren de establecer mecanismos que declaren y evalúen la congruencia de sus acciones en línea con los ODS, garantizando su integridad y consistencia institucional y la del PDI. Ello también pasa por formar a los miembros de este colectivo en cuestiones transversales ajenas a sus áreas de conocimiento, en este caso, en sostenibilidad con un enfoque de derechos humanos, en consonancia con los derechos económicos, sociales y culturales (DESC) y bajo la perspectiva de género.

2. EL DESARROLLO DEL PACTO VERDE EUROPEO EN LA EDUCACIÓN SUPERIOR: UNA VISIÓN DE FUTURO CON REFERENCIAS AL APRENDIZAJE PARA LA TRANSICIÓN ECOLÓGICA Y EL DESARROLLO SOSTENIBLE

De conformidad con el artículo 6 del TFUE, la UE dispone de competencia para llevar a cabo acciones con el fin de apoyar, coordinar o complementar la acción de los Estados miembros, respetando plenamente la responsabilidad de estos sobre el contenido de la enseñanza y la organización de los sistemas educativos. Bajo esta premisa, en las Conclusiones del Consejo Europeo de 20 de junio de 2019, figura la adopción de la Nueva Agenda Estratégica de la UE para 2019-2024 Esta Nueva Agenda Estratégica, puso de manifiesto la importancia de «incrementar la inversión en la capacitación y la educación de las personas» (Consejo Europeo, 2019). Además, reconoció que invertir en educación, capacidades y competencias es una prioridad estratégica para la UE y sus Estados miembros. En este sentido, se ha desarrollado un Marco Estratégico para la cooperación europea en el ámbito de la educación y la formación (2021-2030) (Consejo de la Unión Europea, 2021), cuyas prioridades clave se resumen en:

(i)   Aumentar la calidad, la equidad, la inclusión y el éxito de todos en el ámbito de la educación y la formación;

(ii)   Hacer realidad el aprendizaje permanente y la movilidad;

(iii)   Mejorar las competencias y la motivación en la profesión docente;

(iv)   Reforzar la educación superior europea;

(v)   Respaldar las transiciones ecológica y digital en la educación y la formación y a través de estas.

Como vemos, las políticas y acciones actuales están dirigidas a la consecución de estos objetivos, pues la idea es crear un Espacio Europeo de Educación que se articule en torno a seis dimensiones clave: (i) calidad de la educación y la formación; (ii) inclusión; (iii) transición ecológica y digital; (iv) profesores y formadores; (v) educación superior y; (vi) dimensión geopolítica. Pese a que esos seis ejes de acción clave avanzan por buen camino, lo cierto es que el proceso de implementación todavía se encuentra en una fase demasiado temprana como para disponer de pruebas mesurables sobre el impacto de las acciones del Espacio Europeo de Educación, las reformas de la gobernanza y la financiación de la UE en los planos nacional, regional y local (Comisión Europea, 2022c); si bien, gracias al compromiso común con el Espacio Europeo de Educación y a la cooperación europea, las iniciativas de los Estados miembros y de la UE se han reforzado mutuamente.

En lo que respecta al eje de la transición ecológica, como ya se ha puesto de manifiesto a lo largo de este estudio, el PVE supuso una vorágine de cambios estructurales, como parte del desarrollo intersectorial propuesto para lograr la transición energética que no se escapan del sector educativo. Ya desde su presentación, la Comisión Europea (2019), contempló elaborar un marco europeo de competencias que busca contribuir al desarrollo y evaluación de los conocimientos, capacidades y actitudes relativos al cambio climático y el desarrollo sostenible. De esta manera, en 2022, un grupo de autores del Centro Común de Investigación al servicio de la ciencia y conocimiento de la Comisión Europea (JCR) publicó el marco europeo de competencias sobre sostenibilidad «GreenComp» que busca proporcionar «una base común para los alumnos y orientación a los agentes educativos, al ofrecer una definición consensuada de lo que implica la sostenibilidad como competencia» (Bianchi, G., Pisiotis, U., Cabrera Giraldez, M., 2022, p. 2).

A pesar de que este marco de competencias no se dirige en exclusiva a la educación superior, es preciso reflexionar que es, justamente en este ámbito y nivel educativo, donde encuentra su arraigo y una posición de mayor asentamiento. No obstante, el marco es aplicable al alumnado con independencia de su edad, nivel formativo, o entorno de aprendizaje, sea esta formal o no formal. Tal y como dejan constancia sus autores, GreenComp responde tanto al PVE, como a la Agenda de Capacidades Europea para la competitividad sostenible, la equidad social y la resiliencia (Comisión Europea, 2020a) y la consecución del Espacio Europeo de Educación de aquí a 2025 (Consejo de la Unión Europea, 2021).

Tras realizar toda una labor de investigación para homogeneizar los criterios y definiciones que deberían ser considerados por la totalidad de centros educativos de los EEMM, a continuación, se plasmarán algunas de las definiciones acuñadas por GreenComp que, por su significancia en el presente estudio, merecen ser destacadas. A saber:

1. «Se entenderá por «*sostenibilidad*», la priorización de las necesidades de todas las formas de vida y del planeta, procurando que la actividad humana no supere los límites planetarios;

2. Por «*competencia de sostenibilidad*» se entenderá la capacitación a los alumnos para que representen valores de sostenibilidad y adopten sistemas complejos, con el fin de adoptar o solicitar medidas que restablezcan y mantengan la salud de los ecosistemas y mejoren la justicia, y así generar visiones para futuros sostenibles;

3. El «*aprendizaje para la sostenibilidad ambiental*» deberá ser entendido como la capacidad que tiene por objeto fomentar una mentalidad de sostenibilidad desde la infancia hasta la edad adulta, desde la visión de que los seres humanos forman parte de la naturaleza y dependen de ella. Los alumnos están dotados de conocimientos, capacidades y actitudes que les ayudan a convertirse en agentes del cambio y contribuyen de manera individual y colectiva a dar forma al futuro dentro de los límites planetarios» (Bianchi, G., Pisiotis, U., Cabrera Giraldez, M., 2022).

En todo caso, como epítome de la investigación ejecutada en la elaboración del *GreenComp,* se describen doce competencias, perfectamente alcanzables por el alumnado, con independencia de su nivel de estudios o pertenencia a rango de edad determinados, que se agrupan en las siguientes cuatro categorías y se reproducen fielmente en la tabla que se inserta, a continuación:

Tabla 1. GreenComp. El marco europeo de competencias sobre sostenibilidad

ÁMBITO	COMPETENCIA	DESCRIPTOR
1. Incorporar valores de sostenibilidad	1.1. Apreciación de la sostenibilidad	Reflexionar sobre los valores personales; identificar y explicar cómo varían los valores entre las personas y a lo largo del tiempo, evaluando de forma crítica su alineación con los valores de sostenibilidad.
	1.2. Respaldo a la ecuanimidad	Apoyar la equidad y la justicia para las generaciones actuales y futuras y aprender de generaciones anteriores para la sostenibilidad.
	1.3. Promoción de la naturaleza	Reconocer que los seres humanos forman parte de la naturaleza y respetar las necesidades y los derechos de otras especies y de la propia naturaleza con el fin de restaurar y regenerar ecosistemas sanos y resilientes.
2. Asumir la complejidad de la sostenibilidad	2.1. Pensamiento sistémico	Abordar un problema de sostenibilidad desde todas las vertientes; considerar el tiempo, el espacio y el contexto para comprender cómo interactúan los elementos dentro de los sistemas y entre ellos.
	2.2. Pensamiento crítico	Evaluar la información y los argumentos, identificar supuestos, cuestionar el *statu quo* y reflexionar sobre cómo influyen los contextos personales, sociales y culturales en el pensamiento y las conclusiones
	2.3. Contextualización de problemas	Formular los retos actuales o potenciales como un problema de sostenibilidad en términos de dificultad, personas implicadas, tiempo y ámbito geográfico, con el fin de identificar enfoques adecuados para anticipar y prevenir los problemas, así como para mitigar los ya existentes y adaptarse a ellos.
3. Prever futuros sostenibles	3.1. Capacidad de proyecciones de futuro	Proyectar futuros sostenibles alternativos imaginando y desarrollando escenarios alternativos e identificando los pasos necesarios para lograr un futuro sostenible preferible.
	3.2. Adaptabilidad	Gestionar las transiciones y los desafíos en situaciones de sostenibilidad complejas y tomar decisiones relacionadas con el futuro ante la incertidumbre, la ambigüedad y el riesgo.
	3.3. Pensamiento exploratorio	Adoptar una forma relacional de pensamiento al estudiar y vincular diferentes disciplinas, utilizando la creatividad y la experimentación con ideas o métodos novedosos
4. Actuar en favor de la sostenibilidad	4.1. Actuación política	Navegar por el sistema político, identificar la responsabilidad política y la rendición de cuentas por comportamientos insostenibles y exigir políticas eficaces para la sostenibilidad.
	4.2. Acción colectiva	Actuar en favor del cambio en colaboración con otros agentes.
	4.3. Iniciativa individual	Identificar el propio potencial para la sostenibilidad y contribuir de forma activa a mejorar las perspectivas de la comunidad y del planeta.

Fuente: Bianchi, G., Pisiotis, U., Cabrera Giraldez, M., 2022.

Como señala la Comisión Europea, en su propuesta de Recomendación del Consejo relativa al aprendizaje para la sostenibilidad medioambiental, elaborada por la Comisión Europea (2022a), «convertirnos en el primer continente climáticamente neutro del mundo es el mayor reto y la mayor oportunidad de nuestro tiempo, e implica la adopción de medidas decisivas». Por ello, realiza un planteamiento holístico e integrador para alcanzar una educación para la sostenibilidad ambiental bajo los criterios de eficacia y calidad. En este sentido señala que este tipo de educación deberá: (i) empezar desde edades tempranas, esto es, desde la educación infantil y la atención a la infancia; (ii) estar basada en un enfoque de aprendizaje con vocación de permanencia; (iii) generar entornos de aprendizaje favorables en los que el centro educativo, en su totalidad, actúe en pro de la sostenibilidad; (iv) centrarse en el alumnado, fomentar su participación y partir de experiencias reales; (v) respaldar a los educadores, incluidos los equipos directivos; (vi) promover la colaboración y las asociaciones en las comunidades locales y en comunidades más amplias; (vii) involucrar a los jóvenes de manera significativa; (viii) desarrollar competencias en materia de sostenibilidad; (ix) basarse en políticas sólidas.

Por último, y consciente del papel clave que deben desempeñar las universidades, como centros dedicados a la educación superior por antonomasia, la Comisión Europea tuvo a bien presentar la Estrategia Europea para las Universidades hacia principios del 2022. Esta estrategia tiene por objetivo «apoyar y capacitar a las universidades para que se adapten a las condiciones cambiantes, prosperen y contribuyan a la resiliencia y la recuperación de Europa» (Comisión Europea, 2022b, p. 4). En el sentido que nos ocupa, para mediados de este año, 2024, la Comisión propone centrarse en la consecución de cuatro objetivos comunes clave, el tercero, consiste en capacitar a las universidades como agentes de cambio en la doble transición ecológica y digital, de manera que pueda obtener apoyos para desarrollar soluciones basadas en la naturaleza y bajo los criterios de eficiencia energética y digitalización requeridos en los tiempos de tránsito.

3. EL IMPULSO DE LA SOSTENIBILIDAD CURRICULAR COMO ELEMENTO ESENCIAL EN LOS TÍTULOS UNIVERSITARIOS: UN ENFOQUE HACIA LAS CIENCIAS JURÍDICAS Y SOCIALES

Tras el recorrido expuesto, en los párrafos previos, resulta necesario realizar una revisión exhaustiva de los currículos de las titulaciones universitarias, con ánimo de dar cumplimiento a la trayectoria marcada por la sostenibilidad. En este sentido, esta revisión, sin duda alguna implicaría un reajusta del contenido de las asignaturas contenidas en cada uno de los títulos con su correspondiente temario. Téngase en cuenta que el planteamiento deberá realizarse con carácter holístico, integrador, bajo el enfoque de los derechos humanos, en consonancia con los DESC y con una perspectiva de género. Seguramente este nuevo planteamiento, además, no sólo invitar a abordar estratégicamente los planes de estudio, sino también sus estrategias y metodologías docentes. Además de alinearse con la evaluación por competencias tal y como busca el Espacio Europeo de Educación. Por aterrizar un ejemplo más cercano a la experiencia académica, cabría realizar una revisión de las competencias del Grado en Derecho de la Universitat de València (UV), con motivo de realizar una adaptación y actualización curricular de las competencias de su plan de estudios con ánimo de mejorarlas y dotarlas de un sentido más acorde a los tiempos de transición que atravesamos[1]. Ahora bien, tal parece que estas reflexiones son frecuentes en otros títulos del área de las ciencias sociales y jurídicas, como recogen Montañés-Brunet y Maruenda-Bataller (2024), en el ámbito de las competencias del Grado en Administración de Empresas (ADE) de la UV y el Grado en Turismo de la UV. Según indican los Profesores:

«en el Registro de Universidades, Centros y Títulos (RUCT), no se incluyen competencias transversales en el Grado en ADE, y únicamente tres en el caso de Turismo, ninguna de las cuales hacen referencia a la sostenibilidad. En segundo lugar, las memorias de verificación de estos títulos (así como la información en sus espacios web) no recogen ninguna competencia transversal. Esto es común en la gran mayoría de los títulos de la Universitat de València. Si bien ha comenzado a corregirse en los nuevos grados, su descripción es relativamente imprecisa incluso en sus resultados de aprendizaje, siendo más un «cajón de sastre» donde se incluyen conceptos heterogéneos».

Además, no sólo es preciso revisar el plan de estudios en su totalidad, sino además, cada una de las competencias y criterios de evaluación contemplados en las distintas asignaturas que conforman dicho plan de estudios, siendo en todo caso, motivo para continuar realizando un seguimiento en los próximos años, como futuras propuestas de recomendación en pro de la sostenibilidad curricular homogénea de los títulos adscritos a las ciencias sociales y jurídicas de la UV.

---

1. Puede consultarse el conjunto de competencias del referido plan de estudios en: https://www.uv.es/uvweb/universidad/es/estudios-grado/oferta-grados/oferta-grados/grado-derecho-1285846094474/Titulacio.html?id=1285847455682&plantilla=UV/Page/TPGDetaill&p2=3-1

4. PROPUESTAS PARA IMPULSAR MODELOS DE VIDA Y CONSUMO MÁS SOSTENIBLES EN LOS CENTROS UNIVERSITARIOS: LA UV COMO MODELO DE REFERENCIA

Elaborar propuestas que impulsen modelos de vida y consumo más sostenibles en los centros universitarios, poniendo a la UV en el centro, requiere de una gran escucha activa de las demandas de toda la comunidad universitaria: alumnado, PTGAS y PDI. Este es el gran reto al que se enfrenta, actualmente, nuestra Universidad. Es preciso poner en marcha un canal de escucha activa de todos los colectivos implicados para fortalecer el ambiente de la comunidad universitaria en un espacio más respetuoso y saludable en todos los ámbitos, desde la climatización correcta de los espacios compartidos, hasta la información del consumo responsable, local y de temporada.

El proyecto ha buscado aunar opiniones entre el profesorado y el alumnado. Para ello, se ha realizado entrevistas al PDI colaborador, además de trabajar en la búsqueda de la opinión del alumnado. En este último punto se han detectado mayores complejidades, teniendo en cuenta, además, la falta de motivación del alumnado de los Campus de la UV en particular ante las actividades de voluntariado o transferencia de conocimiento, por lo que se plantea, para futuro, cambiar el enfoque desde donde se puede obtener la información por parte del alumnado, es decir, en lugar de intentar atraer su interés hacia jornadas intelectuales, inspirarles para que la ofrezcan en un evento deportivo o social, con un ambiente distendido al margen de lo que pueda ser un aula convencional. La mentalidad del alumnado perteneciente a la «generación Z», se declina favorablemente hacia este contexto. Ahora bien, también hay que pensar en la diversidad generacional que coexiste en los espacios de educación superior y habría que cuestionarse por qué las generaciones más maduras que reciben docencia, normalmente en horario de tardes, se desmotiva ante las actividades voluntarias que puedan enriquecer su comprensión en materia de sostenibilidad. Sencillamente, encontrar la motivación de un alumnado intergeneracional y notablemente diverso es una tarea altamente compleja.

Si bien, el objetivo principal de este estudio ha sido, desde el inicio, fomentar el conocimiento de una forma rigurosa y de calidad, a través de una publicación «en abierto», que contemple un triple objetivo específico: (1) dotar de propuestas docentes en materia de sostenibilidad al profesorado de la UV; (2) considerar herramientas y metodologías activas para garantizar una educación inclusiva, equitativa y de calidad, con perspectiva de género y un enfoque de derechos humanos y; (3) conseguir la sensibilización del alumnado de la UV de forma progresiva, dinámica y amena que conecte con sus intereses y promueva oportunidades de aprendizaje durante toda su vida, a fin de crear una ciudadanía titulada más responsable, la finalidad de este proyecto ha trascendido con creces.

A lo largo de este estudio se ha aportado no sólo una visión del tratamiento de los ODS de una forma integral, en torno a los cinco ejes clave: personas, prosperidad, planeta, paz y alianzas, sino que se ha venido argumentando las razones sobre las que pivota dicho proceso de enseñanza-aprendizaje y se ha aportado un enfoque desde la pedagogía de la docencia no universitaria, concretamente desde la especialidad de FOL. Pese a que, *ab initio*, se presentó una propuesta «en abierto», la publicación del monográfico en formato *open access* requerirá de tiempo para buscar vías alternativas a la financiación de publicación de materiales de calidad.

Como propuestas generadas a raíz de las entrevistas mantenidas con los distintos PDI adscritos a diferentes departamentos y que cuentan con trayectorias heterogéneas, cabe destacar dos actividades singulares que merecen ser destacadas. En primer lugar, la celebración de los *Peer Parliaments*, como actividad aplicada de la asignatura de Derecho Internacional Público del Grado en Derecho de la UV, que busca establecer comités paritarios entre el alumnado y la ciudadanía, a partir de materiales proporcionados por la Comisión Europea organizado por PDI organizados por esta autora durante el año académico 2022-2023 y; en segundo lugar, los ciclos de feminismos (des) coloniales que han sido organizados por la Profesora Salomé Carvajal Ruiz, celebrados durante el año académico 2023-2024 de la asignatura de Didáctica y Organización Escolar del Grado en Magisterio de la UV.

Además, el PDI colaborador ha contemplado la utilización de metodologías activas en sus actividades de evaluación continua. En este sentido, concluyen que para lograr la consecución de los objetivos y las competencias propias de los títulos universitarios es preciso basarse en los siguientes principios metodológicos:

(i)   Promover la participación activa en el proceso formativo del alumnado. Para ello deben organizarse tanto actividades que permitan el trabajo autónomo como actividades que promuevan la realización de agrupamientos flexibles donde se estimule la cooperación, la ayuda mutua y el aprendizaje colaborativo.

(ii)   Aprendizaje competencial, donde se integre la teoría y la práctica de manera que los aprendizajes realizados sean útiles para resolver problemas y situaciones reales, nos permitan adaptarnos a las demandas del contexto profesional y nos ayuden a entender mejor nuestro entorno.

(iii) Fomentar la confianza y el respeto mutuo que genere un clima de confianza y ayuda mutua, tanto entre el alumnado como por parte del PDI.

(iv) Concebir el error como un elemento inherente al proceso de enseñanza/aprendizaje de manera que éste se defina y se entienda como el punto de partida sobre el cual realizar nuevos aprendizajes.

Las diferentes metodologías para llevar a cabo este proceso de enseñanza-aprendizaje, según ha destacado el PDI colaborador, deberán ser variadas y, *a priori,* deberían responder a los principios enumerados, toda vez que son clave para un adecuado desarrollo integral del alumnado. Así pues, algunas de las metodologías que encajan con las actividades propuestas son:

– Trabajo en equipo. Tanto en el aula como en las actividades aplicadas y complementarias, fomentando la realización de grupos heterogéneos en los que el alumnado se proporcione ayuda mutua. El trabajo en equipo será también un valor fundamental entre el profesorado, sin el cual se dificulta la consecución de los objetivos educativos por parte del alumnado.

– Tutoría y apoyo entre iguales. Los iguales constituyen una fuente de apoyo y aprendizaje fundamental. En este sentido, debería fomentarse, en todo el momento el establecimiento de apoyos y tutorías entre iguales de manera que, uno o varios compañeros más competentes den apoyo y refuercen a otro u otros que presentan mayores dificultades. Este tipo de apoyos redunda en una mejoría y en un aprendizaje más profundo no sólo del alumnado con mayores dificultades, sino también del alumnado más competente. Ciertamente, esto puede entrañar complejidades en grupos en el que el alumnado es multitudinario, sobre todo, cuando hablamos de docencia en asignaturas troncales u obligatorias. Este tipo de metodologías es conveniente aplicarla en grupos de asignaturas optativas, pues tiene un mayor éxito.

– Aprendizaje cooperativo. Utilizando técnicas cooperativas propias de esta metodología y en la que los objetivos de aprendizaje de cada alumno/a estén vinculados con la consecución de los objetivos de aprendizaje del grupo. En este caso, por ejemplo, podría combinarse con la metodología del aprendizaje basado en retos (ABR).

–   Trabajo por proyectos. De manera que en el grupo se pueda desarrollar un proyecto en torno al cual se vayan desarrollando los diferentes aprendizajes de las asignaturas.

–   Otras metodologías participativas: clase invertida, metodologías basadas en el juego, visual thinking, aprendizaje servicio o ApS.

Finalmente, cabe destacar el uso de las nuevas tecnologías y/ o dispositivos, tanto por parte del alumnado como por parte del profesorado, es un tema que genera gran debate. Con mucha frecuencia, el PDI colaborador en este proyecto ha lamentado que el uso de los dispositivos por parte del alumnado no es el adecuado e impide el correcto funcionamiento en clase. Por otra parte, reconocen que un uso cualificado, genera una mayor motivación entre el alumnado participante en clase. Así, por ejemplo, tienen mucho éxito, actividades aplicadas que buscan afianzar el conocimiento de una forma lúdica, como el uso de *Kahoots*. En todo caso, celebran la adopción de medidas de limitación del uso de los dispositivos móviles en las aulas de las universidades, tal y como ocurre en los centros donde se imparte docencia no universitaria, según la Resolución de 17 de abril de 2024, de la Conselleria de Educación, Universidades y Empleo sobre el uso de los dispositivos electrónicos en el aula. Pero no es la única limitación: vivimos en la era de la Inteligencia Artificial (IA), entendiéndose por tal como conjunto de tecnologías en rápida evolución que contribuye a generar beneficios económicos, medioambientales y sociales muy diversos en todos los sectores económicos y las actividades sociales, sin que ello se escape del sector educativo.

Tras la entrada en vigor del Reglamento (UE) 2024/1689 del Parlamento Europeo y del Consejo, de 13 de junio de 2024, por el que se establecen normas armonizadas en materia de inteligencia artificial y por el que se modifican los Reglamentos (CE) n.º 300/2008 (UE) n.º 167/2013 (UE) n.º 168/2013 (UE) 2018/858 (UE) 2018/1139 y (UE) 2019/2144 y las Directivas 2014/90/UE (UE) 2016/797 y (UE) 2020/1828 (Reglamento de Inteligencia Artificial, RAI), el paradigma de la educación va a sufrir una importante transformación, junto a la sostenibilidad y la digitalización, lo que abrirá nuevos retos, debates y, sobre todo, futuras investigaciones, en los años venideros, que mejoren la docencia de los tiempos presentes.

Conclusiones

«Los líderes se hacen, no nacen. Se hacen con mucho esfuerzo, que es el precio que todos debemos pagar para lograr cualquier objetivo que valga la pena»

Vince Lombardi

Como consideraciones finales, cabe realizar una reflexión sintética de todo lo reflejado en este trabajo de investigación y dilucidar sobre el cumplimiento de los objetivos fijados al inicio de este estudio.

Para empezar, es imposible mirar el panorama geopolítico internacional actual sin querer volver la mirada. La tensión que, hoy por hoy, vive la comunidad internacional, tras casi un siglo de mantenimiento de paz y seguridad mundial, es el mayor indicador de una época de transición y cambio. Resulta altamente preocupante la actitud beligerante y confrontada entre ciertos Estados del Norte y el Sur global y las respuestas entre oriente y occidente. Se han reabierto viejas heridas en un contexto ambiental en el que el consenso es determinante para lograr la supervivencia de la Humanidad; mientras se desarrollan la era de la IA generativa, la nanotecnología y el internet de las cosas.

Ante este horizonte, a nivel mundial, la configuración de los ODS en tanto mínimos esenciales y garantistas en *pos* de la sostenibilidad, la equidad, la paz y los derechos humanos y, a nivel regional, el PVE, como estrategia precursora de la neutralidad climática, se erigen como pilares de contención ante los retos globales descritos y el auge de los nacionalismos europeos que hacen peligrar la estabilidad de la UE como organización internacional.

En este frágil contexto, todos los actores intervinientes en la función docente tienen el deber y el compromiso de fomentar el pensamiento crítico del alumnado, a modo de inspiración para conseguir sociedades con un nivel de conciencia, capaz de superar el negacionismo, la violencia, la intolerancia y el odio. Ahora, para generar una motivación del conocimiento en materia de sostenibilidad y de la Educación para el desarrollo, resulta altamente pertinente, utilizar las metodologías activas en la búsqueda de la participación del alumnado y le permita desarrollar estrategias y habilidades intra e interpersonales.

Ahondando en el doble propósito de este estudio, cabe destacar que, en principio, se ha logrado realizar un estudio del marco jurídico-teórico de los ODS en el sector educativo, realizando aproximaciones mediante la adopción del enfoque regional y nacional, en el primer y segundo capítulo de este estudio y, en segunda instancia, se ha delimitado la importancia de integrar transversalmente los ODS como eslabón fundamental de la labor docente del profesorado, en todos los estadios de la educación para la ciudadanía, aunque principalmente en la educación básica. De igual manera, se han alcanzado los objetivos específicos inicialmente fijados, en tanto se ha evaluado la normativa que integra de los ODS en el sector educativo; además, se ha realizado una propuesta viable que permite ejecutar una incorporación integral de los ODS en la docencia a través de la aplicación del ABJ como metodología activa, una vez han sido someramente definidas y se ha concluido abordando los retos a los que se enfrenta el marco europeo de educación superior y la estrategia europea de las Universidades.

En lo referente a las referencias bibliográficas, es menester expresar que las incorporadas, han resultado ser pertinentes y suficientes en el tratamiento de esta investigación, a pesar de que toda investigación siempre es susceptible de ser mejorada, considerando, además, la ausencia de caracteres limitativos e impeditivos a la hora de explorar nuevos objetivos.

Por último, es preciso señalar dos reflexiones finales en torno al módulo de sostenibilidad aplicado al sistema productivo, regulado en el Real Decreto 659/2023, que empezará a impartirse el curso académico 2024-2025. La primera, obedece a la conexión existente con la especialidad de FOL (a futuro, Itinerario para la Empleabilidad), ya que muy probablemente, el personal docente de la especialidad sea el más adecuado para impartir los contenidos curriculares y, la segunda, gira en torno al cambio necesario de la configuración del currículo y el ajuste real de los contenidos para lograr una comprensión de los retos globales de forma más consciente y un alumnado mejor formado tanto en sus itinerarios profesionales, como en su vida personal. Después de todo, esa es la esencia de FOL que se transmite como un canal pedagógico y tiende puentes a la docencia universitaria con todos los retos que enfrenta.

Listado de referencias bibliográficas

1. FUENTES DOCUMENTALES

1.1. DOCUMENTOS INTERNACIONALES

1.1.1. Tratados y Convenios internacionales

Estatuto de la Corte Internacional de Justicia, de 26 de junio de 1945. https://www.un.org/es/about-us/un-charter/statute-of-the-international-court-of-justice

Pacto Internacional de Derechos Económicos, Sociales y Culturales, de 16 de diciembre de 1966. https://www.ohchr.org/sites/default/files/Documents/ProfessionalInterest/cescr_SP.pdf

Convención sobre los Derechos del Niño, de 20 de noviembre de 1989. https://www.ohchr.org/sites/default/files/Documents/ProfessionalInterest/crc_SP.pdf

Convención sobre la Eliminación de Todas las Formas de Discriminación contra la Mujer, de 18 de diciembre de 1979. https://www.ohchr.org/sites/default/files/Documents/ProfessionalInterest/cedaw_SP.pdf

Convención Internacional sobre la Eliminación de Todas las Formas de Discriminación Racial, de 21 de diciembre de 1965. https://www.ohchr.org/sites/default/files/cerd_SP.pdf

Convención Internacional sobre la Protección de los Derechos de Todos los Trabajadores Migratorios y de Sus Familiares, de 18 de diciembre de 1990. https://www.ohchr.org/sites/default/files/Documents/ProfessionalInterest/cmw_SP.pdf

Convención sobre los Derechos de las Personas con Discapacidad, de 13 de diciembre de 2006. https://www.un.org/esa/socdev/enable/documents/tccconvs.pdf

Convención relativa a la Lucha contra las Discriminaciones en la Esfera de la Enseñanza, de 14 de diciembre de 1960. https://unesdoc.unesco.org/ark:/48223/pf0000183342

1.1.2. Documentos de la Organización de las Naciones Unidas

1.1.2.1. Resoluciones de la Asamblea General

Resolución 217 A(III) de la Asamblea General de las Naciones Unidas, de 10 de diciembre de 1948, que adopta la Declaración Universal de Derechos Humanos. https://documents.un.org/doc/resolution/gen/nr0/046/82/pdf/nr004682.pdf?token=P3JOVxJu8AS9s4c3AZ&fe=true

Resolución A/RES/70/1 de la Asamblea General de las Naciones Unidas, de 25 de septiembre de 2015, «Transformar nuestro mundo: la agenda 2030 para el desarrollo sostenible». https://documents.un.org/doc/undoc/gen/n15/291/93/pdf/n1529193.pdf?token=ghO8AXmc6QNkBZ8eoc&fe=true

Resolución A/RES/55/2* de la Asamblea General de las Naciones Unidas, de 13 de septiembre de 2000, «Declaración del Milenio». https://documents.un.org/doc/undoc/gen/n00/559/54/pdf/n0055954.pdf?token=MHOvPMA746398RHv9L&fe=true

1.1.2.2. *Otros documentos e informes de la ONU*

Organización de las Naciones Unidas. (2023). Informe de los Objetivos de Desarrollo Sostenible 2023. https://unstats.un.org/sdgs/report/2023/The-Sustainable-Development-Goals-Report-2023_Spanish.pdf

UNESCO & Asociación de Universidades Confiadas a la Compañía de Jesús en América Latina (AUSJAL). (2023). Acciones basadas en el conocimiento: Transformar la educación superior para la sostenibilidad global. Grupo Global de Expertos Independientes sobre las Universidades y la Agenda 2030. UNESCO & AUSJAL. https://unesdoc.unesco.org/ark:/48223/pf0000387267?posInSet=2&queryId=1b9e5845-3284-4002-b0c7-5b1b81b95af5

1.1.3. Otros documentos e informes internacionales

American Psychological Association (2018). Stress in America: Generation Z. Stress in America™ Survey. https://www.apa.org/news/press/releases/stress/2018/stress-gen-z.pdf

Amnistía Internacional. (2024). La situación de los derechos humanos en el mundo. abril 2024. Amnesty International Ltd.

1.1.4. Noticias de prensa y otros documentos

Dimock, M. (2019). Defining generations: where Millennials end and Generation Z begins. Pew Research Center. https://www.pewresearch.org/short-reads/2019/01/17/where-millennials-end-and-generation-z-begins/

Francis, T. & Hoefel, F. (2018). True Gen: Generation Z and its implications for companies. McKinsey & Company. November 2018. https://innovationinsider.com.br/wp-content/uploads/2019/05/Generation-Z-and-its-implication-for-companies.pdf

McCrindle, M. (2021). The generations defined. https://mccrindle.com.au/article/topic/demographics/the-generations-defined/

Statistics Canada. (2011). Generations in Canada, 2011. https://www12.statcan.gc.ca/census-recensement/2011/as-sa/98-311-x/2011003/tbl/tbl3_2-1-eng.cfm

The Economist. (2019). Generation Z is stressed, depressed and exam-obsessed. The Economist. https://www.economist.com/graphic-detail/2019/02/27/generation-z-is-stressed-depressed-and-exam-obsessed

1.2. DOCUMENTOS EUROPEOS

1.2.1. Derecho originario europeo

Tratado de Funcionamiento de la Unión Europea, de 1 de diciembre de 2009.

1.2.2. Derecho derivado europeo

1.2.2.1. *Reglamentos de la Unión Europea*

Reglamento (UE) 2021/1119 del Parlamento Europeo y del Consejo de 30 de junio de 2021 por el que se establece el marco para lograr la neutralidad climática y se modifican los Reglamentos (CE) n.º 401/2009 y (UE) 2018/1999 («Legislación europea sobre el clima»).

Reglamento (UE) 2024/1689 del Parlamento Europeo y del Consejo, de 13 de junio de 2024, por el que se establecen normas armonizadas en materia de inteligencia artificial y por el que se modifican los Reglamentos (CE) n.º 300/2008 (UE) n.º 167/2013 (UE) n.º 168/2013 (UE) 2018/858 (UE) 2018/1139 y (UE) 2019/2144 y las Directivas 2014/90/UE (UE) 2016/797 y (UE) 2020/1828.

1.2.2.2. *Documentos del Parlamento Europeo*

Resolución del Parlamento Europeo, de 28 de noviembre de 2019, sobre la situación de emergencia climática y medioambiental (2019/2930(RSP)). https://eur-lex.europa.eu/legal-content/ES/TXT/?uri=CELEX%3A52019IP0078%2801%29

1.2.2.3. *Documentos de la Comisión Europea*

Comisión Europea. (2023). Un Plan Industrial del Pacto Verde para la era de cero emisiones netas. En Doc. COM(2023) 62 final, de 01 de febrero de 2023.

Comisión Europea. (2022a). Propuesta de recomendación del Consejo relativa al aprendizaje para la sostenibilidad medioambiental. En COM(2022) 11 final, de 14 de enero de 2022.

Comisión Europea. (2022b). Estrategia europea para las universidades. En Doc. COM(2022)16 final, de 18 de enero de 2022.

Comisión Europea. (2022c). Avances hacia la consecución del Espacio Europeo de Educación. En Doc. COM (2022) 700 final, de 18 de noviembre de 2022.

Comisión Europea. (2020a). Agenda de Capacidades Europea para la competitividad sostenible, la equidad social y la resiliencia. En Doc. COM(2020) 274 final, de 1 de julio de 2020.

Comisión Europea. (2020b). Plan de Acción de Educación Digital 2021-2027. Adaptar la educación y la formación a la era digital. En Doc. COM(2020) 624 final, de 30 de septiembre de 2020.

Comisión Europea. (2019). El Pacto Verde Europeo. En Doc. COM(2019) 640 final, de 11 de diciembre de 2019.

1.2.2.4. Documentos del Consejo Europeo

Consejo Europeo. (2019). Reunión del Consejo Europeo de 20 de junio de 2019. Conclusiones. En Doc. EUCO 9/19 CO EUR 12 CONL 5, de 20 de junio de 2019. https://www.consilium.europa.eu/media/39944/20-21-euco-final-conclusions-es.pdf

1.2.2.5. Documentos del Consejo de la Unión Europea

Consejo de la Unión Europea. (2019). Resolución del Consejo relativa a un marco estratégico para la cooperación europea en el ámbito de la educación y la formación con miras al Espacio Europeo de Educación y más allá (2021-2030). DOUE, C 66/1, de 26 de febrero de 2021.

1.2.2.6. Documentos del Centro Europeo para el Desarrollo de la Formación Profesional

Cedefop. (2024). Microcredenciales. Esfuerzo por combinar credibilidad y agilidad. Nota informativa. https://www.cedefop.europa.eu/files/9192_es.pdf

Cedefop. (2024). Educación y formación profesionales en España: descripción breve. Luxemburgo, Oficina de Publicaciones. http://data.europa.eu/doi/10.2801/964900

Cedefop. (2023a). Desde innovadores ecológicos hasta mentes «verdes»: ocupaciones clave para la transición ecológica. Nota informativa. https://www.cedefop.europa.eu/files/9189_es.pdf

Cedefop (2023b). From linear thinking to green growth mindsets: vocational education and training (VET) and skills as springboards for the circular economy. Luxembourg: Publications Office. http://data.europa.eu/doi/10.2801/813493

Cedefop. (2022) ¿Se están haciendo imprescindibles las microcredenciales? Nota informativa. https://www.cedefop.europa.eu/files/9171_es.pdf

Cedefop. (2021). The green Employment and skills transformation. Insights from a European Green Deal skills forecast scenario. Luxembourg: Publications Office. http://data.europa.eu/doi/10.2801/112540

1.2.2.7. *Otros documentos europeos*

Bianchi, G., Pisiotis, U., Cabrera Giraldez, M. (2022). GreenComp – El marco europeo de competencias sobre sostenibilidad. Bacigalupo, M., Punie, Y. (Eds.). Oficina de Publicaciones de la Unión Europea. doi: 10.2760/094757, JRC128040.

1.3. DOCUMENTOS ESPAÑOLES

1.3.1. Normativa estatal

Constitución Española de 20 de diciembre de 1978. BOE núm. 311, de 29/12/1978.

Ley Orgánica 3/2020, de 29 de diciembre, por la que se modifica la Ley Orgánica 2/2006, de 3 de mayo, de Educación.

Ley Orgánica 3/2022, de 31 de marzo, de ordenación e integración de la Formación Profesional.

Real Decreto 688/20, de 20 de mayo, por el que se establece el título de Técnico Superior en Dirección de Servicios de Restauración y se fijan sus enseñanzas mínimas.

Real Decreto 659/2023, de 18 de julio, por el que se desarrolla la ordenación del Sistema de Formación Profesional.

1.3.2. Normativa autonómica

Decreto 252/2019, de 29 de noviembre, del Consell, de regulación de la organización y funcionamiento de los centros públicos que imparten enseñanzas de Educación Secundaria Obligatoria, Bachillerato y Formación Profesional.

Orden 24/2013, de 21 de abril, de la Conselleria de Educación, Cultura y Deporte por la que se establece para la Comunitat Valenciana el currículo del ciclo formativo de Grado Superior correspondiente al título de Técnico Superior en Dirección de Servicios en Restauración.

1.3.3. Jurisprudencia referenciada

Sentencia del Tribunal Constitucional núm. 6/1982, de 22 de febrero de 1982 (BOE 69, 1982.

1.3.4. Otros documentos españoles

Ministerio para la Transición Ecológica y el Reto Demográfico. (2020). Plan Nacional Integrado de Energía y Clima.

Ministerio para la Transición Ecológica y el Reto Demográfico. (2020). Estrategia de descarbonización a largo plazo 2050. Estrategia a largo plazo para una economía española, moderna, competitiva y climáticamente neutra en 2050.

Ministerio de Transición Energética y Reto Demográfico. (2020). Plan Nacional de Adaptación al Cambio Climático 2021-2030. MITECO.

2. FUENTES BIBLIOGRÁFICAS

2.1. MONOGRAFÍAS

Escrivà, A. (2022). Contra la sostenibilidad. Arpa & Alfil Editores, S.L.

Juste Ruiz, J. (2014). La protección del medio ambiente en el ámbito internacional y en la Unión Europea. Tirant Lo Blanch.

Fernández Liesa, C. R. & Manero Salvador, A., 2017. (2017). Análisis y comentarios de los Objetivos de Desarrollo Sostenible de las Naciones Unidas. Aranzadi Thomsons Reuters.

Tremmel, J. & Robinson, K. (2014). Climate Ethics: Environmental Justice and Climate Change. Bloomsbury Academic.

Vila Vázquez, J. & Chisvert Tarazona, M. J. (2018). Luces y sombras de la formación profesional dual en el sistema educativo español. Tirant lo Blanch.

Zambrano González, K. (2023). El Derecho internacional y europeo ante el desafío del cambio climático. Tirant lo Blanch.

2.2. ARTÍCULOS DE REVISTA Y CAPÍTULOS DE LIBROS

Alventosa-Bleda, E., Senent Sánchez, J. M. & Viana-Orta, M. I. (2020). Análisis comparado de la formación de maestros y maestras en España al desarrollo de las metas de la Agenda 2030. En Díez Gutiérrez, E. J. & Rodríguez Fernández, J. R. (Dirs.). Educación para el bien común. Hacia una práctica crítica, inclusiva y comprometida socialmente (1.ª ed., pp. 317-325). Octaedro.

Ayuso Marente, J. A. (2006). Profesión docente y estrés laboral: una aproximación a los conceptos de estrés laboral y burnout. Revista Iberoamericana de Educación, núm. 39(3), pp. 1-15.

Boni, A., Belda-Miquel, S., Calabuig-Tormo, C., Millán-Franco, M. A. & Talón-Villacañas, A. (2019). Adaptando los ODS a lo Local mediante la Educación para el Desarrollo. La Experiencia de la Estrategia de la Ciudad de Valencia. Revista Internacional de Educación para la Justicia Social, 2019 8(1), pp. 117-134.

Borrás Pentinat, S. (2017). Movimientos para la justicia climática global: replanteando el escenario internacional del cambio climático. Grupo de Estudios de Relaciones Internacionales, 33, pp. 1-24.

Cardesa-Salzmann, A., y Pigrau Solé, A. (2017). La Agenda 2030 y los objetivos para el desarrollo sostenible: Una mirada crítica sobre su aportación a la gobernanza global en términos de justicia distributiva y sostenibilidad ambiental. Revista Española de Derecho Internacional, 69, 279-285.

Cardozo Gutierrez, L. A. (2016). El estrés en el profesorado. Revista de Investigación Psicológica, núm. 15, pp. 75-98.

Díez-Gutiérrez, E. J. (2013). El decrecimiento en la formación del profesorado. Revista interuniversitaria de formación del profesorado, 78, pp. 207-219.

Díez-Gutiérrez, E. J. & Palomo-Cermeño, E. (2022). La formación universitaria del futuro profesorado: la necesidad de educar en el modelo del decrecimiento. Revista interuniversitaria de formación del profesorado, 97, pp. 231-250.

Dobre, C., Milovan, A.-M., Duțu, C., Preda, G., & Agapie, A. (2021). The common values of social media marketing and luxury brands. The millennials and Generation Z perspective. Journal of Theoretical and Applied Electronic Commerce Research, 16(7), pp. 2532-2553.

Garcés Delgado, Y., García Álvarez, E., López Aguilar, D. & Álvarez Pérez, P. R. (2023). Incidencia del género en el estrés laboral y burnout del profesorado universitario. Revista Iberoamericana sobre calidad, eficacia y cambio en educación, núm. 21(3), pp. 41-60.

Gómez Gil, C. (2018). Objetivos de Desarrollo Sostenible (ODS): una revisión crítica. Papeles de relaciones ecosociales y cambio global, 140 2017/18, pp. 107-118.

Hickel, J. (2019). The contradiction of the sustainable development goals: Growth versus ecology on a finite planet. Sustainable Development, 27(5), pp. 873-884.

Juste Ruiz, J. (2005). El desarrollo sostenible y los derechos humanos. En: Vargas Gómez-Urrutia, M.; Salinas de Frías, A. & Carrillo Salcedo, J. A. Soberanía del Estado y derecho internacional. Homenaje al Profesor Juan Antonio Carrillo Salcedo (vol. 2, pp. 757-778). Universidad de Córdoba, Servicio de Publicaciones; Universidad de Sevilla, Editorial Universidad de Sevilla; Universidad de Málaga.

Kharel, A. (2018). Doctrinal Legal Research. Revista electrónica SSRN, 2, pp. 1-16.

López Vidales, N. y Gómez Rubio L. (2021). Tendencias de cambio en el comportamiento juvenil ante los media: Millennials vs Generación Z. Estudios sobre el Mensaje Periodístico, 27(2), pp. 543-552.

Labrador Piquer, M. J., & Andreu Andrés, M. (2008). Metodologías Activas. Editorial de la UPV.

Luelmo del Castillo, M. J. (2018). Origen y desarrollo de las metodologías activas dentro del sistema educativo español. Encuentro, 27, pp. 4-21.

Martínez, I., y Martínez Osés, P. J (2016). La agenda 2030. Un análisis crítico desde la perspectiva de las organizaciones sociales. Temas para el Debate, 254-255, 19-21.

Menton, M., Larrea, C., Latorre, S., Martinez-Alier, J., Peck, M., Temper, L., & Walter, M. (2020). Environmental justice and the SDGs: From synergies to gaps and contradictions. Sustainability Science, 15(6), pp. 1621-1636.

Montañés-Brunet, E. M. & Maruenda-Bataller, S. (2024). ¿Hacia una sociedad más sostenible?: el alumnado concienciado como motor del cambio (1.ª ed. pp. 155-175). En Martínez García, E. & Vázquez Verdera, V. Sostenibilización curricular de las universidades en el marco de la Agenda 2030 de las Naciones Unidas. Tirant lo Blanch.

Negrín, Medina, M. A. & Marrero Galván, J. J. (2021). La nueva Ley de Educación (LOMLOE) ante los Objetivos de Desarrollo Sostenible de la Agenda 2030 y el reto de la COVID-19. Avances en supervisión educativa: Revista de la Asociación de Inspectores de Educación de España, 35, pp. 140-182.

Ramos Gutiérrez, M., y Fernández Blanco, E. (2021). La regulación de la publicidad encubierta en el marketing de influencers para la Generación Z. Revista Prisma Social (34), pp. 61-87.

Restrepo-Ochoa, D. A. (2013). La salud y la vida buena: aportes del enfoque de las capacidades de Amartya Sen para el razonamiento ético en salud pública. Cad. Saúde Pública 29 (12), pp. 1-12. https://doi.org/10.1590/0102-311X00069913

Ron Fernández, X. (2020). La desaceleración como práctica educativa. En Díez Gutiérrez, E. J. & Rodríguez Fernández, J. R. (Dirs.). Educación para el bien común. Hacia una práctica crítica, inclusiva y comprometida socialmente (1.ª ed., pp. 273-286). Octaedro.

Rueda Pacheco, M.; Pastor Rodríguez, A. & San Pablo Moreno, P. (2023). Generando conciencia ecológica desde la universidad. Análisis de una experiencia en torno a moda y sostenibilidad con futuros profesionales de la publicidad. Revista de Comunicación, núm. 22(2), pp. 435-455.

Segalàs Coral, J. (2015). Educando para qué y para quién. El cambio de paradigma que el desarrollo sostenible demanda a la educación superior. Lan harremanak: Revista de relaciones laborales, núm. 32, pp. 18-36.

Silva Quiroz, J. & Maturana Castillo, D. (2017). Una propuesta de modelo para introducir metodologías activas en educación superior. Innovación educativa, 17, 117-132. http://www.scielo.org.mx/scielo.php?script=sci_arttext&pid=S1665-26732017000100117&lng=es&tlng=es